郭施亮 著

极简财富学

理财小白的致富密码

中国纺织出版社有限公司

内 容 提 要

作者基于长达14年的投资理财经历，总结出深刻的经验教训，讲解如何让理财者避开大多数投资理财风险，实现资产的长期增值，让致富变得简单。读过本书之后，读者对股市、基金、保险等常见的投资渠道会有更深入的认识，并学会如何规避投资风险，提升投资理财的有效性。

本书适合理财爱好者、职场白领，也适用于在校学生以及大众读者收藏阅读。

图书在版编目（CIP）数据

极简财富学：理财小白的致富密码 / 郭施亮著. --北京：中国纺织出版社有限公司，2024.5
ISBN 978-7-5229-1547-0

Ⅰ. ①极… Ⅱ. ①郭… Ⅲ. ①投资—基本知识 Ⅳ. ①F830.59

中国国家版本馆CIP数据核字（2024）第062136号

责任编辑：曹炳镝　段子君　杨宁昱　责任校对：高　涵
责任印制：储志伟

中国纺织出版社有限公司出版发行
地址：北京市朝阳区百子湾东里 A407 号楼　邮政编码：100124
销售电话：010—67004422　传真：010—87155801
http://www.c-textilep.com
中国纺织出版社天猫旗舰店
官方微博 http://weibo.com/2119887771
三河市延风印装有限公司印刷　各地新华书店经销
2024 年 5 月第 1 版第 1 次印刷
开本：710×1000　1/16　印张：11.75
字数：106 千字　定价：58.00 元

凡购本书，如有缺页、倒页、脱页，由本社图书营销中心调换

前言

随着我国社会经济的快速发展，人们对投资理财的需求也日趋强烈。如今，无论是普通家庭，还是高净值群体，对投资理财的关注度和参与度都越来越高。

俗话说"你不理财，财不理你"，只有树立起正确的投资理财观念，才能够让自己的资产不断增值，确保自己的经济基础更加稳固。

民间资金多、投资渠道少的问题已经存在多年。手握资金的投资者可能面临资金无处可投的困境。面对有限的投资渠道和品种，投资者如何实现资产的有效增值，无疑是大家比较关心的热点问题。

此时，影响投资者理财结果的核心是资产配置的能力。换言之，谁的资产配置能力更强，谁的资产增值效果更好。反之，他可能面临资产增值效果不佳，甚至被动缩水的压力。

投资理财本身是一把双刃剑。利用得好，可以成为家庭财富迅速增值的催化剂。利用不好，也有可能把自己辛苦积累的财富蒸发掉。所以，对投资理财进行科学规划显得尤其重要。

《极简财富学：理财小白的致富密码》一书用简单易懂的语言，力求给读者带来实用有效的投资理财知识。阅读本书可以让你更深入地了解财富的概念和规则，并指引你打开财富的大门。

本书主要为读者们讲解资产增值的方法、风险管理策略等核心内容，普通投资者关心的诸多热点问题亦有所涉及。为了更好地解答读者心中的疑惑，本书还配有大量案例。

本书主要针对高等院校的学生、非专业投资理财爱好者、白领等群体，笔者希望通过本书为大家提供科学理财的思路，并为更多的读者带来实实在在的帮助。

与市面上其他理财书籍相比，本书最大的特色是内容较为广泛和全面，而且语言通俗易懂，就算是理财小白，也可以轻松读懂。阅读完本书之后，相信读者对投资理财会有一个全面的认识，为投资理财实际操作打下坚实的基础。

不少白手起家的人，都会经历财富从无到有的过程。其中，从0元到100万元的财富积累，往往需要经历漫长难熬的过程。本书将为你揭晓如何才能够高效获取人生中的第一桶金。

赚钱、省钱和投资理财，可以称为财富积累的"三部曲"。在财富积累的过程中，前两项影响你的财富积累起步点，后一项影响着你的财富增长。赚钱与省钱是非常重要的，几乎每一个白手起家的人都离不开这两个过程。但是，从100万元到1000万元的财富积累，大概率是需要依靠投资理财才能实现。假如只懂得赚钱与省钱，却不懂得投资理财，那么在人的一生中很有可能与千万财富无缘。

因此，懂得投资理财的知识和技巧，将会直接影响一个人的财富命运。在投资理财的过程中，投资收益固然重要，但与收益相比，风险管理也很重要。因此，对投资者来说，只有同时具备这两项技能，才能够打开财富大门。

很显然，《极简财富学：理财小白的致富密码》不能包打天下，也不会让你马上变富，但只要认真学习领悟，可以让你打开思维，向财富自由的目标更进一步。

郭施亮
2023年12月

目录

第一章 认知决定财富高度

第一节 你与富人的差距在哪里 / 2

第二节 普通人与富人的认知差别 / 9

第三节 如何正确认识投资理财 / 16

第四节 你距离成功差了什么 / 23

第二章 赚钱要迈出的第一步

第一节 如何赚到人生中的第一桶金 / 32

第二节 珍惜三次改变人生命运的机会 / 38

第三节 赚钱、省钱、理财缺一不可 / 44

第四节 哪些投资弯路必须避开 / 47

第三章 打开你的财富大门

第一节 小本金大回报的方法 / 56

第二节 创业是天堂还是地狱 / 62

第三节 创业者容易犯的错有哪些 / 69

第四节 投资与创业哪个更靠谱 / 75

第四章　让钱滚动起来

第一节　如何让"钱生钱" / 84

第二节　巧用经济周期做投资 / 90

第三节　无风险套利方法有哪些 / 96

第四节　如何锻炼出成熟的投资心态 / 102

第五章　如何守住财富

第一节　如何守住自己的财富 / 110

第二节　财富增长后该怎么办 / 115

第三节　用经营企业的心态做投资 / 121

第四节　资产如何做到有效配置 / 126

第六章　常见的投资陷阱

第一节　提升投资安全性 / 134

第二节　如何识别上市公司的财务陷阱 / 138

第三节　A股、港股常见的投资陷阱 / 145

第四节　避开人气过旺的地方 / 152

第七章 风险管理的重要性

第一节 正确认识保险产品 / 160

第二节 个人养老金值得参与吗 / 166

第三节 如何评估自己的风险承受力 / 170

第四节 三招提升家庭抗风险能力 / 174

第一章
认知决定财富高度

人与人之间的差距,可以很大,也可以很小,关键取决于个人的认知。正确认识自己,可以更全面了解自己,并及时弥补自己的不足之处。

在投资理财的道路上,成功不仅与个人天赋、个人的知识储备有关,也与个人的努力密不可分。只有充分了解自己,并认识到自己与成功人士的差距,才可以更好地提升自己,让自己在投资理财的道路上走得更稳、更远。

第一节　你与富人的差距在哪里

很多人都有过一夜暴富的梦想，但在现实生活中，真正能够一夜暴富的人，却寥寥无几。一个有趣的现象是，更多人热衷于一夜暴富，却不愿意慢慢变富。归根到底，大家都想走捷径，不费力就能攀登至人生巅峰。

俗话说得很好，真理总是掌握在少数人的手中。例如，在股票市场中，一直存在"七亏二平一赢"的说法，长期来看，只有少数人可以在股票市场中实现盈利。再比如，在现实生活中，顶级富人总是少数，底层普通人却比这些富人多得多。

人的一生，只有短暂的数十年。剔除了吃饭、睡觉的时间，真正可以投入工作的时间就更少了。同样是数十年的人生，为什么有的人可以从一无所有，最终成为亿万富豪，而有的人一辈子努力打拼，走到人生终点依然还是穷困潦倒？

一、选择比努力更重要，技巧比蛮干更实用

人从出生的那一刻起，就会面临各种各样的选择。例如，高考可能改变自己的人生命运，高考后的志愿填报成为人生中的重要选择；大学毕业后的工作选择，关系着自己的职场生涯；到了谈婚论嫁的年龄，如何选择心仪的对象，又会改变自己未来的生活方式。

有人说，选择比努力更重要，这句话确实有一定的道理。其中的关键是个人的选择。如果选择了正确的道路，可以让自己少走一些弯路。反之，即使你在这条路上比别人付出更多的努力，也不一定可以达到预期的结果。

也有人说，技巧比蛮干更实用。那么，这句话又该如何理解呢？举一个例子，在高考之前，我们需要提前做好准备。同样的时间、同样的老师、同样的学习资料，为何有的学生可以考上顶尖的大学，有的学生却考不上大学呢？假设大家都花费同样的时间，用功的程度差不多，智商也相差无几，那么拉开差距的主因之一，就是学习技巧了。

事实上，每一个学霸都有一套自己独有的学习技巧。例如，普通学生只会背熟公式答案，题目稍微变化，就不懂得如何解题。但是，对学霸来说，他们却热衷于举一反三，同一道题目，他们会有多种解题方法。通过长期的训练，促使自己的思维能力比普通学生更强，应对高考也显得轻松自如了。

除了与众不同的解题方式，学霸们的刻苦专注程度也是普通人无法想象的。技巧与刻苦专注，加上时间的积累，成就了学霸们的高分数。

说到这里，你可能开始意识到自己与富人之间的差距在哪里了，那就是，正确的选择，加上一流的技巧。

二、高效执行力和胆量大小，决定彼此之间的差距

除了上面提到的选择与技巧问题外，富人们的胆量也比普通人更大。

看到机会的时候，富人会果断行动，不惧用巨额资金参与投资，有时候还会动用杠杆工具，力图实现利润的最大化。与富人相比，普通人看到机会的时候，常犹豫不决。到了终于下决心投资的时候，只是浅尝辄止，即使最后的投资回报很不错，但因为投入的本金太少，赚取的利润微薄。

陈先生是一位亿万富豪，他非常珍惜每一次的投资机会。作为市场捕猎者，他看到了难得的投资机会，并且认为有八成的把握获得成功。陈先生留下一些资金支付日常生活开支后，调动了自己其他可支配资金用来投资。

陈先生投资的项目可取得的投资回报，可能相当于普通人一辈子的打工收入。对一些人来说，虽然他们也看到了这个投资机会，但因为对自己的判断没有足够的信心，而且投资的本金太小，从而错过了一个财

富暴涨的机会。因此，与富人相比，普通人往往缺乏胆量，因为对投资项目的判断通常过于谨慎，缺乏富人果断的决策力和执行力。

三、坚持不懈的毅力

假如你还没有深刻认识到差距在哪里，我们不妨再看一个案例。

A 先生与 B 先生收获了一条可靠的信息，据说某地藏有金矿，但目前还没有被开发。于是，A 先生与 B 先生结伴而行，历经波折，终于来到了目的地。他们做好开发前的各项准备，并开始行动。过了一周、两周、三周之后，他们毫无收获。这个时候，A 先生与 B 先生产生了分歧。A 先生认为，既然相信了自己的判断，并且已经来到了现场，不妨坚持下来，说不定很快可以见证奇迹。但是，B 先生却表示，他们已经花费了大量的成本，如果还是一无所获，他考虑选择放弃。

在 A 先生的劝说之下，B 先生好不容易答应继续，但是，B 先生表示，他只能够多坚持一周，如果一周之后还没有看到成果，那么他就会启程回家。遗憾的是，一周之后，他们依然是一无所获。于是，B 先生放弃开发行动，并启程回家。A 先生仍然选择了坚持。因为，在他看来，既然信息可靠，而且自己还努力了很长时间，轻易放弃的代价成本是很高的。最终，A 先生还是坚持了下来。

功夫不负有心人，坚持三个月之后，A 先生终于找到了金矿。换言之，如果 B 先生可以多坚持两个月，他就可以看到成果了。遗憾的是，在开发金矿的道路上，只有坚持到底的 A 先生才可以收获成果。

说到这里，你又会得出什么样的结论呢？

如果做好了准备，而且信息源可靠，那么只有坚持不懈，才可以获得收获。

其实，我们观察一下身边的学霸、富人和成功者，他们无不具备高效的执行力、坚持不懈的韧劲以及高度专注等特征。所以，成功从来不是可以轻松获得的，成功者身上有着各种特质。普通人之所以普通，关键在于他们不具备上述特征。

四、普通人成为富人需要具备的特质

每一个普通人都有一个造富的梦想，但仅仅拥有梦想，是远远不够的。

那么，从普通人变成富人，到底需要具备哪些特质呢？

第一，拥有明确的目标，且拥有强大的执行力。

拥有明确的奋斗目标非常重要。人的一生很短暂，所以大家应该根据自己的能力与发展方向，制订出一个长远目标、中期目标以及短期目标。

制订好明确的目标是第一步，接下来需要具备强大的执行力，这取决于个人的性格以及个人的自律能力。实际上，有明确目标，同时具备强大执行力的人并不多，而同时做到这两点的人，成功概率已经超过了很多人。

第二，专注与坚持。

专注是集中精力做好事情，并且不会轻易受到外部诱惑而改变自己的努力方向。坚持，则是建立在专注的基础上，长期做好某件事情。一般来说，专注比坚持困难很多。因为，专注更考验一个人的意志力，无论是在哪一个领域，拥有专注精神的人，往往更容易取得成功。如果你同时具备了专注与坚持的特征，那么你距离成功也就不远了。

第三，学会在逆境中生存。

相比起顺境发展，逆境生存更考验一个人的意志力与综合能力。习惯在顺境生存的人，往往容易满足，不愿意离开自己的舒适区。但是，曾在逆境生存的人，他们的意志力会更强，抗压能力也会更大，一旦重新步入顺境阶段，他们取得成功的概率会更高。

所以，面对逆境不要害怕，这往往是提升个人意志力，增强自己抗压能力的机会。当一个人取得成功之后，他们往往会感谢曾经处于逆境中的自己，因为那个时候，自己的收获也是最丰硕的。考验一个人的能力，不仅要看他在顺境阶段的成果，也要看他跌入谷底之后的攀升高度，逆境生存能力更考验一个人的综合能力。

第四，懂得把握住每一个机会。

机会，不是经常发生。一旦出现了机会，那么应该第一时间积极把握。事实上，上天对每个人都是公平的，每个人都会遇到改变命运的机会。关键在于，在机会出现时，你是否做好了准备。

例如，在投资领域中，有的人抓住机会成功抄底，并收获丰厚的利润。有的人看到机会后却迟迟不愿意出手，只能眼看着机会流逝。所以，对每个人来说，应该要懂得把握住每一个机会。机会不是时常出现，一旦错过了，可能要等漫长的时间，甚至再无类似的机会。

第五，变富之后要懂得守住财富。

从普通人变成富人，这是非常难的。白手起家的富人背后，往往会有一段不为人知的艰辛故事。有人说，身边的富人都比较吝啬，看起来像一个守财奴。那么，事情的真相到底是什么呢？

一个人变成富豪，离不开个人的努力以及财富的慢慢积累。财富积累的过程非常漫长，在此期间，他们都会明白每一分钱都是来之不易的。当他们变成富豪之后，往往会把这一种习惯延续下去，只有真正明白赚钱不容易，才能够更好去赚钱，因为钱不会从天上掉下来，每一分钱的背后，都是奋斗拼搏的结果。

变富之后，更应该懂得守住财富。很多人变成富人，得益于时代发展潮流的红利，也就是说他们抓住了创业或投资的最佳风口。但是，并不是每一个风口都可以被轻松抓住。很多时候，机会错过了也就错过了，同样的机会不会出现第二次。

守住财富往往比赚取财富更困难。当一个人的财富越多，他需要考虑的问题越多。比如，一位成功的企业家，过去只需要考虑如何赚钱。现在，他需要考虑如何保障资产保值增值，如何保证员工的工资按时发出，如何提升企业的经营利润，如何把企业做大做强等问题。与此同时，随着企业的发展壮大，他还需要考虑更多的社会责任，有时候在一些非营利环节中，商业利益有必要让步于社会利益。

大多数人都憧憬一夜暴富。事实上，只有经历了慢慢实现财富积累的过程，你才能够真正了解赚钱的不容易，等到自己成为富人之后，才更懂得守住财富，明白守住财富的重要性。

如果你具备前面提到的几种特质，那么你距离成为富人也就不远了。

第二节　普通人与富人的认知差别

在你的印象中，什么样的人属于富人，什么样的人属于普通人呢？有人说，很简单，按照个人资产来划分富人与普通人即可；也有人说，如果只是按照资产来划分，未免太片面了。其实，综合分析来看，富人不仅富的是资产，还拥有与众不同的认知能力等。

很多人总抱有一夜暴富的心态，但假如你真的实现了一夜暴富，成为极少数的幸运儿，那么你如何保持富裕的状态，不让富贵变得昙花一现，又是一个重要的问题。

退一步说，如果你实现了一夜暴富，生活突然变得奢侈无比，同时你并未充分利用这笔财富实现"钱生钱"，你极有可能很快重返贫穷，富贵只是在你的人生中匆匆闪现。

所以，富不能够只是富资产，还需要富思维、富行动。只有全面性的思维转变，才能够让富真正延续下去。

一、普通人与富人的认知差别有哪些

在这个世界上，一直存在富人与普通人。但是，普通人总比富人多，真正成为富人的，依然是极少数人。那么，在现实生活中，普通人与富人到底存在着哪些认知差别？

1. 短期利益 VS 长期利益

从普通人的角度考虑，他们本身的财富非常有限。但低投入高回报实现个人财富命运逆袭的想法不现实。天下没有免费的午餐。既然高风险与高收益是并存的，那么投资者想要低投入获得高回报的可能性极低。

在现实生活中，不少打着"低投入，高回报"旗号的投资产品，很可能是骗局。正因为他们抓住了很多人"一夜暴富"的心态，所以多年来有不少人上当受骗。并且太注重短期利益的投资者，往往容易踩雷。在实际操作中，他们看到的是可观的收益，却看不到投资的高风险性。所以，当你过分关注自己的收益时，可能自己的本金已经被别人盯上了，最终的结局是"赚了芝麻，却亏掉了西瓜"，得不偿失。

相比之下，很多富人更注重长期利益。有时候，富人为了追求更高的长期利益，也愿意牺牲一些短期利益。简单来说，在不少富人看来，短期的投入有可能会为自己带来更可观的投资回报预期。所以，在前期的投入过程中，富人们往往愿意积极投入，不计较短期的得失，为的是长远的利益。举个例子，这一笔投资并未为他们带来可观的投资回报率，但他们却收获了可靠的资源，比如人脉。在他们看来，这笔投资也是值得的，因为他们收获的东西可能远比金钱本身更实用。

不要小看这个小小的差别，正因为这个差别，往往会造成不一样的结果。

再举一个例子，在股票投资中，几乎每个投资者都会有不一样的风险偏好与投资风格。但是，面对一家优秀的上市公司，如果投资者过于注重短期利益，那么很可能会赚不到丰厚的长期利润。投资股票就等同于投资企业，最直接的目的是在股票市场中赚到钱，实现资产的有效增值。但是，站在企业家的角度，经营好一家企业，需要考虑很多的因素，并非仅限于赚钱的问题，而且还需要承担一定的社会责任。从经营企业的角度考虑，投资的周期会更加长远，并用10年以上的时间来看待未来企业发展的命运。甚至可以说，长线投资者是与企业家同命运、共呼吸，共同见证着企业的发展壮大。

2. 判断能力的差异

判断能力的高低，不仅取决于个人知识储备的多少，还取决于社会经验积累的高低。一般来说，一个受过高等教育的人，他在认知能力、思维方式上，会比一个没有受过高等教育的同龄人强。当然，也不排除会有个别不一样的情况，但是，这种情况较少。一个人拥有比较强的判断能力，可以在工作、学习、生活等方面明显受益。

举一个例子，在投资领域中，如果投资者拥有很强的判断能力，那么他们会比普通人更容易发现市场的投资机会。在大家还没有反应过来的时候，他们凭借自己比较强的判断能力，成为市场中的先知先觉者，提前锁定可观的投资收益。

应用到工作中，判断力直接影响一个人的职业前景。老板肯定优先培养能力更强、判断力好的人。如果一个人拥有比较强的判断力，并为公司避开了投资陷阱，那么这个时候很有可能获得升职加薪的机会。

3. 学习态度上的差异

对一些人来说，学习属于学生需要做的事情，走出校园之后，学习基本上与自己无关了。但是，对富人来说，学习是终身的事情，活到老学到老，如果不学习，那么自己与同龄人的差距会迅速拉开，自己很可能跟不上社会发展的步伐了。

在信息高度发达的当下，信息时代最考验的是信息的时效性。谁可以率先掌握最前沿的信息与数据，那么谁就更有可能在激烈的竞争中获得优势。学习，是一个不间断的事情，不是说毕业之后，自己已经与学习毫无关系了。试想一下，在高速发展的信息时代，如果一个人不看新闻、不接触新鲜事情，那么他在不久的日子里，很快会遭到社会的淘汰，因为他的知识量跟不上社会发展的节奏。当别人在努力学习的时候，自己却停下了进步的脚步，自然容易遭到淘汰。

我们可以注意到一个现象，即富人非常注重教育，特别是对下一代的教育。与之相反，很多人对教育的重视程度相对较低，在他们看来，与其花时间、花精力去读书，还不如早日走进社会，提前出来赚钱。正因为富人与普通人有着截然不同的思想观念，所以他们之间的差距越来越大。

4. 消费观念与投资观念上的差别

有些人有一种消费思维，即今天赚的钱，今天就花了，先享受当下再考虑未来。更有甚者，还没有赚钱，就学会了花"未来钱"。长期下来，这种任性花钱的行为会变成一种不好的习惯，一旦形成了透支的习惯，未来存钱的难度会显著增加，这也是有些人存不了钱的主要原因之一。

再来谈谈投资观念。富人会想出无数个办法实现"钱生钱"，并通过科学高效的资产配置方式实现资产的有效增值。因为，在他们看来，长期守住自己的财富，才可以长期保持自己的财富竞争力。

与之相反，普通人最主要的投资方式是存银行。在银行利息比较高的时候，将资金存银行可以勉强实现资产的保值增值，但在银行利息比较低的时候，资金的保值效果也显著降低。

在投资市场中，都知道"高收益高风险"的规则。如果投资者依靠银行理财，那么将只能够获得较低的存款利息，因为低风险伴随着低收益，你可以承受多少的风险，也意味着你可以获得多少的收益。"低风险，高收益"的情况，基本上很少出现，如果遇见了，要提防是骗局。

投资理财观念的不一样，会把富人与普通人之间的财富差距迅速拉大。

二、普通人改变财富命运，关键要自我改变

没有人可以轻易改变自己的思维习惯，只有自己铁下心去改变，才

可以收到实质性的效果。

对普通人来说,首先不要埋怨自己的出身,即使自己的家庭条件多么困难,也不是放弃努力的理由。多年来,有多少寒门子弟通过自己的努力改变了命运,既然别人做得了,那么我们就应该反思自己,为何自己做不到呢?普通人改变财富命运,关键要看自身的改变。例如,自己的思维认知能力、消费投资观念、对学习的态度等。一些不好的习惯,都可以通过自己的努力去改变。自我改变刚开始的时候,你会感到艰辛困难,随着时间推移,你会逐渐尝到甜头。如果没有下定决心去改变自己,那么你肯定看不到自己命运的变化。所以,别人说什么也无法影响自己的命运,关键还是要看自己。当自己通过努力拼搏开始尝到甜头之后,应该要保持奋斗的状态,不要被眼前的成果冲昏了头脑。否则,容易前功尽弃。

另外,年龄从来不是不努力的借口。只要你愿意改变自己的人生命运,多少岁才开始读书,多少岁才开始奋斗,都不是问题。

必须提醒的是,即便你尝试去努力了,也许你还会失败,但成功的概率肯定在提升。如果你不去尝试,那么失败的概率是100%。所以,结果如何不是核心,最核心的东西是你自己的态度,你是否愿意真正改变自己,从而改变自己的财富命运。

当你实现了自己的财富梦想时,骄傲自满是大忌。如果你满足现状,不愿意走出舒适区，那么你很有可能要开始走下坡路。

人因梦想而变得伟大，一个人需要有强大的理想支持自己的行动。如果没有强大的理想作为支撑，那么你很容易半途而废，最终导致之前的努力白白浪费了。

既然你想成为富人，并从根本上改变自己的财富命运，那么就需要进行真正意义上的自我改革，这样才可以让自己走得更远、更稳。至于年龄大小、家世背景，这些都不是问题。改变，无须任何借口。

第三节　如何正确认识投资理财

现代社会，几乎每个人都离不开投资理财，正所谓"你不理财，财不理你"，投资理财是普通人打开财富大门的必修课。但必须要说，投资理财也是一把双刃剑。如果利用得好，可以让你的财富迅速增值。如果利用不好，投资理财可能会让你的资产迅速缩水，甚至让多年来努力积累的财富毁于一旦。

对普通人来说，实现资本的原始积累充满了煎熬，尤其是从一无所有到小有所成，每一个前进的步伐都充满了未知数。稍有不慎，可能会导致自己的努力白费了。

当财富积累到一定阶段之后，你可能会处于进退两难的状态。如果这个时候不进行任何投资理财，那么很可能会导致资金的被动缩水。如果将资金长期闲置，虽然减少了投资风险，但却会让资产保值的效果大打折扣。

那么，普通人如何正确认识投资理财呢？我们需要回答三个问题。

第一，我们进行投资理财的初衷和目的是什么？

第二，我们进行投资理财的收益目标是多少？

第三，我们可以承受的最大损失是多少？

清晰回答这三个问题，我们对自己的投资理财计划就会有一个清晰的认识。

先来回答第一个问题：我们进行投资理财的初衷和目的是什么？相信很多人的答案是实现资产增值，更通俗的说法是赚钱。

那么再来回答第二个问题：我们的收益目标是多少？提前设定好自己的投资理财目标，才可以明白自己的风险偏好，并根据自己的理财收益目标进行灵活的资产配置计划。需要注意的是，高收益伴随着高风险，如果想要获得更高的投资收益率，那么就需要承担更大的投资风险。反之，如果你是一位保守型投资者，每年只希望获得稳健的投资收益，那么你需要承受的投资风险会低得多。

最后回答第三个问题：我们可以承受的最大损失是多少？

与投资收益相比，可以承受最大损失决定你的风险承受能力。有的人资产稍微发生一点亏损，就无法承受了。很显然，对这类投资者来说，他们不能配置中高风险的资产，只适合保守的投资渠道。而有的人，即使本金亏损20%，也不会感到不安。对这类风险承受能力很强的投资者来说，他们可以增加中高风险的资产配置比例。

回答了上述三个问题之后，我们就需要为不同风险偏好、不同风险承受能力的投资者提供具体的资产配置建议了。

首先，从保守型投资者的角度出发，必须先明确两个事情。

第一是他们的风险承受能力很低，基本上无法忍受本金亏损的风险。第二是他们投资理财的目标是实现资产保值，并非资产快速增值。

在明确了具体条件之后，第一个步骤，我们先把适合保守型投资者的投资渠道和产品筛选出来。具体来说，包括银行定期存款、大额存单、货币基金、国债逆回购、储蓄国债等。

这些投资渠道都具有一个共同特征，即低风险、低收益率，而且基本上可以保障投资者的本金安全。从资产保值的角度出发，这些投资渠道更适合保守型投资者的投资需求。

在确定好合适的投资渠道之后，第二个步骤需要根据自己的情况设置资产分散配置的比例。

在投资过程中，安全性、流动性以及收益率是投资的三大要素。在保障投资安全性的前提下，保守型投资者一般对收益率的敏感性不会特别大，他们对投资流动性的要求更高。

在上述投资渠道中，虽然安全性与收益率的差别不算很大，但在流动性方面，却存在着较大的差异。例如，流动性比较差的投资渠道和产品包括储蓄国债、年金险、大额存单等。有一些投资渠道，虽然他们允许提前支取，但却需要投资者承担比较高的成本。假如从定期利息转变成活期利息，投资者的损失是不小的。

因此，在资产配置上，投资者需要根据自己对资金的流动性需求进行灵活配置。

例如，某投资者有一笔闲置资金，计划5年内无须使用，那么投资者可以把这笔资金投向储蓄国债、大额存单等投资渠道，在保障本金安全的前提下，获得稳定的投资利息。

如果投资者有一笔闲置资金，1年之后需要使用，那么就不适合把钱投向大额存单或者储蓄国债了，而更适合把钱投向银行一年期定存或者一年期以内的固收产品，以满足1年后的资金需求。

还有一种情况，如果投资者有一笔闲置资金，计划半年内或者短时间内使用，却又想获得短期稳健投资收益的，那么他可以投资货币基金、国债逆回购等。相对于其他投资渠道，这两种投资方式的流动性比较强，收益率比较稳定，比较适合短期的理财需求。

因此，从资产配置的角度出发，投资者可以把资金分为3份，分别是3年以上的闲置资金、1年至3年的闲置资金以及1年以内的闲置资金，并把这3份资金按照流动性需求分散配置，在保障本金安全的前提下，满足自己的流动性需求，并实现资产保值或者小幅增值的效果。

其次，与保守型投资者不同的是，稳健型投资者可以容忍资产的小幅损失压力。在风险承受能力上，也会比保守型投资者更强。因此稳健型投资者可以在资产保值的基础上，通过投资风险相对高一些的投资渠道和产品来提升资产的增值效果。在资产配置上，稳健型投资者可以采取比较积极的投资策略。

适合稳健型投资者的投资渠道和产品主要包括银行理财、"固收+"、债基、养老FOF基金、REITs、可转债等。

在具体操作中，可以把50%的资产投资于保守型产品，为50%资产的保值奠定基础。假如这50%资产的投资收益率达到3%左右，那么投资者可以通过增配积极的投资产品来提升资产的增值效果。如果这部分收益率提升至4%到5%，其资产增值效果是很不错的。

在50%的资产投资于保守型产品的基础上，投资者可以按照资产的风险程度，进行分散配置。例如，投资者把剩下的50%资产划分为3份，一份占比是30%，用来投向银行理财、"固收+"等稳健的投资渠道。一份占比是10%，用来投向可转债、可转债基金、债基等。另外10%的资金，可以用来投向部分优质股票或者混合型基金。

通过灵活的资产配置，可以把整体的投资收益率提升起来。一方面，可以保障资产的相对安全性。另一方面，可在一定程度上增强资产保值增值的效果。

最后，与保守型、稳健型投资者相比，激进型投资者的风险偏好比较高，对潜在的投资损失有充分的心理准备。众所周知，高收益与高风险是并存的。激进型投资者愿意承受较高的投资风险，是因为他们想追求更高的投资收益率。但此类投资者面临的投资损失可能会是10%、20%，甚至更高。

除了要做充分的心理准备外，激进型投资者还需要保证自己的投资杠杆率处于可控的范围之内。否则，一旦遇到极端的投资环境，高杠杆可能会面临平仓的风险，甚至本金全部损失。

激进型投资者可能对保守型、稳健型的投资产品没有太多的兴趣。他们更倾向于股票、期权、期货等投资渠道。有一些心理素质特别强、投机需求特别强烈的投资者，更乐意参与高杠杆的投资，试图利用高杠杆工具把投资利润迅速扩大。

在A股市场，如果投资者想参与融资融券、股指期货等投资工具，还需要满足一定的准入门槛。不过，较高的投资准入门槛，可以挡住一批投资经验不足的投资者,最终可以参与其中的,基本是那些久经考验的成熟投资者。

给激进型投资者的投资建议是,不熟悉的投资渠道和产品不要轻易碰。特别是,如果利用高杠杆工具进行投资,市场风险是显而易见的。投资,还是要做自己熟悉的渠道和产品。

虽然激进型投资者具备更强的心理素质,且可以容忍更高的损失,但并不是所有激进型的投资者可以承受一切归零的压力。所以,对大多数激进型的投资者来说,如果没有足够大的把握,还是要慎用杠杆工具,少碰杠杆工具。高杠杆工具既可能让你的资产迅速增值,短时间内实现财务自由,也可能让你的本金迅速归零,把你过去多年积累的财富全部蒸发掉。

综上所述,针对不同类型、不同风险承受能力的投资者,他们在投资产品的筛选、投资风格的选择上,存在着显著的区别。假如一位保守型的投资者采取了激进型的投资策略,最终可能会资产增值不成,还让资产快速缩水。因此,正确认识投资理财非常重要。在开始投资理财之前,投资者需要充分了解自己的风险偏好、风险承受能力以及投资回报预期,只有这样,才可以制定出正确的投资理财计划,满足自己的投资需求,最终实现自己的投资理财目标。

此外,任何投资都有风险,投资理财需要量力而行,不要盲目高估自己的投资能力。一旦高估了自己的投资理财能力，大概率会被市场教训。由此可见，对绝大多数的投资者来说，正确认识投资理财，将会是他们进入投资市场的第一课。

第四节　你距离成功差了什么

有一个有趣的现象，在大型考试中，某一个分数段内，会聚集一大批人，但拔尖的学生与成绩不佳的学生占比反而很小。100分的试卷，你考了90分，说明你很努力，但未必说明很成功。因为，同一份试卷，一个班里可能有一半以上的人考了90分，只有几个人考出95分以上的成绩。当分数达到一定的高度之后，每上升一分，意味着需要付出更大的努力。除了努力外，还包括了技巧、天赋以及运气等因素，最后才可以实现成功。

大多数人无缘登上金字塔顶尖，成功者往往只有1%。无论是在学校，还是在职场，这个现象普遍存在。大多数人都不希望自己或者自己的孩子只是一个普通人。尤其在我国，"望子成龙""望女成凤"已经成为了不少家长的美好愿望。当今社会的竞争压力如此激烈，要想成为这

1%的人不是简单的事情。那么,该如何让自己跻身1%的成功者呢?

一、从成功者身上找到秘诀

有人说,我很难接触到成功人士,该怎么办呢?

其实,最为简单的方法就是通过阅读书籍或多看成功的案例,深入了解成功者的成功秘诀。当然,最直接的方式莫过于现场聆听成功者的演讲,进一步了解他们的成功之道。

有的人取得成功,主要是善于学习,善于总结他人的经验教训。有的人怎样努力也不成功,主要是自己的方法不对,却固执坚持自己错误的方法,导致自己陷入一错再错的状态。

从某种程度上分析,向成功者学习,也是走向成功的捷径之一。成功人士之所以取得成功,很可能与他的性格、人生经历有关。但是,人的一生经历过太多的挫折,走过太多的弯路,很少人可以畅通无阻地走过自己的人生。从成功者的口中,我们可以听取宝贵的经验教训,同时可以从成功者身上学到不少优秀品质。不要小看这些细节,很多时候这些小细节影响着我们的人生命运。

二、需要先交学费

既然成功只是少数人拥有,那么普通人要想晋升为成功者,自然需要有一个漫长的磨炼过程。想要少走一些弯路，了解更多实用的知识，那么很可能需要先交学费。

例如，在股票投资中，新股民都会经历先甜后苦的过程。起初，新股民凭借着"初生牛犊不怕虎"的心态，可能会在股票市场中尝到一些甜头。但是，随着投入的资金越来越多，投资者再用过去的投资心态去做投资，显然是要吃大亏的。于是，新股民容易在股票市场中吃苦头，但会在不断亏损的过程中摸索经验，逐渐变得成熟。

当新股民开始变成老股民，他们也会不断摸索出属于自己的投资方式，有的人可以成为股票市场中的少数赢家。有的投资者可能会在反复摸索的过程中扩大自己的投资损失，并最终被市场淘汰。

不仅仅在投资市场，大家在日常学习与工作的过程中，同样离不开交学费的过程。例如，在学生时期，每个学生在课堂里的学习时间是一样的。但是，在实际情况下，有的学生跟得上学习的进度，有的学生则跟不上。但是，后者并不希望一直处于落后状态，总希望通过其他方式改变现状。于是，有的学生利用课外时间报名补习班，有的学生利用休息时间去图书馆自习，通过增加额外的学习时间来缩短自己与其他同学的差距。

其实，这一系列的弥补措施也是一个"交学费"的过程。通过在失败中吸取教训并付出努力，缩小自己与同龄人的差距，进而走向成功。

三、学会放下面子

我问过一些成功人士,实现成功的诀窍有哪些?大多数人表示,要先学会放下面子。仔细想想,这句话是有一定的道理的。

试想一下,在学校里,不少学霸都有一个共同特征,那就是不断提问。大家可以扪心自问一下,自己在学生阶段是否曾经因面子问题而错过了很多向老师提问的机会,是否因为面子问题而不愿意向班里的学霸们虚心请教?在工作中,你为何迟迟未能够得到领导的赏识?为何迟迟未能得到晋升?对此,你不妨问自己几个问题。例如,你是否愿意主动与领导沟通,是否愿意在领导面前表现出积极的工作态度?你是否愿意主动接受挑战,让领导看到你的实力?假如你没有做到这些,或者出于面子不愿意做这些工作,那么你距离成功其实还很遥远。

学会放下面子,在创业时同样很有必要。创业初期,需要做大量的筹备工作,包括资金筹集、人脉资源的搭建以及商业合作项目的洽谈等。如果在这些特殊的时期,把面子看得太重要,你大概率会遭遇失败。因为没有人在乎你的面子。事实上,当一个人逐渐成为成功人士,或者在某个领域获得比较高的知名度时,这个时候再注意面子可能更加适合。换句话说,在不同时期和不同阶段,需要用不同的态度去看待自己的面子问题。

四、制订不同阶段的奋斗目标并付诸行动

没有奋斗目标和没有执行力的人，注定无法成功。如果一个人，经常给自己制订出奋斗目标，却没有任何执行力，那么他也是一事无成。

对一家企业来说，制订出全年发展目标非常重要。具体来说，一方面可以为企业的发展制订出短期、中期以及长期的经营计划，另一方面是让企业更了解自己所处的行业地位，了解自己与竞争对手之间的差距。

无论是学习、工作，还是创业，都需要在各个阶段制订出相应的计划与目标。只有拥有明确的计划与目标并付诸行动，这样才可以让自己事半功倍，更容易走向成功。

五、找到志同道合的人

交友可以有很多种形式。例如，结交朋友、商业合作伙伴等。在创业的过程中，可以找到志同道合的合伙人，创业成功的概率会大大提升。假如遇人不淑，那么创业的结果可能截然不同。但要找到志同道合的合伙人确实不容易。

一般来说，我们可以通过与某些人的深入沟通、深入交往，可以更好了解这个人的性格、兴趣爱好等。在大学里，我们可以认识很多兴趣、学历相近的朋友。如果是同一个宿舍、同一个班级的人，可以通过对他进行长期观察，深入了解他的方方面面。假如他符合自己的三观，而且

属于志同道合的人,那么与他合伙创业,成功概率也会大大提升。

找靠谱的人、做靠谱的事情,将会是走向成功的捷径。不过,靠谱的人不容易找到,当你遇到了靠谱的人、志同道合的人,你需要好好珍惜,这个人很可能会改变你的财富命运。

六、需要性格上的支持

除了上述提及的条件外,想要成功还需要性格上的支持。例如,看到机会应该要果断抓住机会,发现难以承受的风险时,也需要果断退出,及时做好止损。这看似很简单,其实并不容易。抓住机会与规避风险,归根到底还是要考验一个人的综合能力。在现实生活中,并不是所有人都具备发掘机会、规避风险的能力。只要你具备了这样的能力,那么你已经超越很多人了。

例如股票投资就非常考验一个人的胆识与智慧,最近二十年,A股市场曾经为投资者创造了几个重要的投资机会。2005年至2007年,如果投资者可以在低位大举投资股票,那么在当时的牛市环境下,有机会获得翻数倍的利润,也确实有不少人因为这一次牛市改变了自己的财富命运。2008年底,如果投资者在低位大量买入股票,也有可能获得1倍以上的投资利润。2014年三季度,当时A股沪指还处于2000点附近的水平,在市场一片看空的背景下,如果你具有一定的胆识,并大举买入一批核心资产，那么你会在接下来的杠杆牛市里会获得一个财富大幅增长的机会。

当然，在投资者懂得抓住机会的同时，还需要具备及时发现风险的能力。如果投资者只有发现机会的能力，却不具备规避市场风险的能力，那么投资者一样无法改变自己的财富命运。

例如，就算投资者抓住2007年大牛市的投资机会，却在市场非理性上涨的过程中不断加仓，看不到当时市场高估值的风险，无法成功从高位出逃，可能还是会因为2008年的金融海啸风波导致自己财富的迅速缩水，甚至倾家荡产。

类似的情况还出现在2015年。在当年杠杆牛市的背景下，很多投资者丧失了理智，总想着自己不会是最后的接棒者。殊不知，在牛市后期，胆量越大的人往往是亏损最严重的人，这就是市场残酷的一面。

几乎所有人都希望实现财富自由。但是，我们不得不直面一个现实，那就是财富自由可能只属于少数人。因此，想要获得成功，必须具备前述大部分特征。阅读至此，大家不妨参照一下，看看自己还有哪些地方需要加强。

第二章
赚钱要迈出的第一步

很多人都抱有"一夜暴富"的想法,但在现实生活中,理财是一个漫长的过程,需要经过赚钱、省钱和投资理财这三步,才能不断累积财富。此外,无论你多会赚钱,稍不留神都有可能被一个不起眼的投资陷阱毁掉辛苦积累的财富。因此,在投资理财的道路上,也要学会避坑。只有学会避坑,才能够更好地守护财富,让财富之塔越垒越高。

第一节　如何赚到人生中的第一桶金

人生中的第一桶金，到底多少钱才够数呢？有人说，第一桶金需要10万元，也有人说，第一桶金需要100万元，还有人说需要1000万元才算。可谓公说公有理，婆说婆有理，其实这取决于每个人的预期。

有的人理想很简单，在当地拥有一套属于自己的房子，就算满足了。如果生活在中小城市，购房压力不算很大，需要储备的资金也不会很多，只要自己努力挣钱，坚持下来，那么完成目标的概率是很高了。

但是，有的人生活在一线城市，购房压力非常大。如果手里只有10万元的储备资金，显然是远远不够的。例如，在北上广深这些大城市，一套普通住房的总价至少需要数百万元。我们按照房屋总价500万元，首付三成计算，首付款需要150万元。拿出首付款之后，每月需要还房贷，而且还房贷的周期长达二三十年之久。

一个普通的年轻人，如果选择在一线城市长期发展，那么第一桶金可能需要150万元。但是，并不是所有人都可以靠自己凑够150万元，毕竟这不是一笔小数目。假如这名年轻人选择在二、三线城市长期发展，那么第一桶金只需要数十万元就足够了，身上的包袱也会轻不少。

因此，很多时候，选择比努力更重要。根据自己的实际情况与发展预期进行合理的选择，可以让自己少走很多弯路。假如高估自己的发展预期，会让自己活得很累。

那么，我们应该如何为自己正确定位，如何根据自己的定位赚到人生中的第一桶金呢？

一、如何为自己正确定位

首先，你需要了解自己目前的真实状况，例如，学历水平、资源情况、薪资状况等。通过这些初步资料，你可以大概了解自己所处的位置。再者，你要明确自己的职业方向、职业规划，并根据自己的实际情况制订出符合自身发展需求的计划。此外，我们还需要学习投资理财知识并进行投资理财的规划等。这将决定你的收入上限。

举个例子，A先生毕业于一所"双一流"名校，毕业后在一家大企业上班，月薪2万元。A先生希望留在一线城市发展，并计划买房子定居。与此同时，A先生有50万元的个人存款，且没有负债压力。但50万元远远不足以支付买房的首付款。因此，对A先生来说，他的第一桶金金额应该等于该一线城市普通住房的首付款。只有凑够首付款，才能够更好地在一线城市扎根发展。

与A先生相比，B先生并没有读大学，他的薪酬待遇不高，每月到手4000元，而且工作并不稳定。此外，B先生只有5万元存款，且存在一些短期债务。按照B先生的情况，他在一线城市购房置业的难度很大。考虑到一线城市的高昂生活成本，B先生的存款，很可能会因租房、基本生活支出等费用消耗掉。他想靠自己在一线城市购房，在短时间内是很难实现的。但如果B先生愿意到三、四线城市发展，他的生活成本会显著降低，同时也可以提升生活质量。

通过A先生和B先生的对比，可以明显看出，根据自己的真实情况制定合理的人生发展规划非常重要。一旦脱离了自己的实际情况，盲目制订远超自己承受范围的计划，会徒增自己的生活压力，生活质量大打折扣。

找到自己的正确定位之后就需要考虑自己的投资理财计划了，这也是为自己赚取人生中第一桶金的重要前提条件。

如果只是找到自己的正确定位却不付诸行动，自然是无法顺利实现目标的。因此，在确定好自己的人生定位之后，你需要一步步落实自己的行动。

赚取人生中第一桶金，最基本的方法是赚钱、省钱与投资理财。其中，赚钱与省钱是积累本金的重要步骤，投资理财是提升本金规模的重要途径。

假如你只懂得赚钱与省钱，那么你的资金一直处于平稳增长的状态，满足基本生活开支没问题，却无法满足购房等大额支出的需求。如果你只懂得投资理财，却不懂得赚钱与省钱，那么你将没有足够的本金支持你的投资理财计划。所以，赚钱、省钱与投资理财，是赚取人生中第一桶金缺一不可的方式。

二、如何赚钱

几乎每个人都有一夜暴富的梦想。但是，幸运儿只是极少数人。对普通人来说，改变财富命运并不容易，因缺乏财富储备、人脉基础以及知识储备，他们往往需要付出巨大的努力，才可以换来相应的回报。即使如此，如果最终可以改变财富命运，那么这种付出也是值得的。

每个人的赚钱办法不一样。对普通人来说，最主要的赚钱方法是找工作赚钱。对普通人而言，工作赚钱是积累财富最主要的方式。与之相比，创业需要一定的启动资金，且存在较大的风险，所以对缺乏社会经验的年轻人来说，进入职场还是最简单的赚钱方式。

需要注意的是，只有拥有高效的办法，才能够让自己高效赚钱，事半功倍。那么，对普通人来说，应该如何实现高效赚钱呢？

正如上文所述，首先要做好正确的人生定位。找工作和高效赚钱，也离不开正确的定位。例如，A先生是名牌大学毕业，毕业不久的月薪待遇达到2万元。B先生没有读过大学，毕业多年后月薪还是在4000元左右。这16000元的月薪差距惊人，并且随着时间的推移，他们的差距会越来越大。因此，从小就树立奋斗目标，并趁着年轻的时候，想办法提高自身的学历水平和社会经验，这是比较有效的办法。通常情况下，毕业三年之后，同龄人的收入差距会逐渐拉大。

上述案例主要体现工资收入的差距。除了赚取工资外，普通人同样可以通过投资理财产品提升赚钱的效率，从而达到高效赚钱的效果。

假如A先生利用自己的闲置资金理财，一年下来的投资收益率实现了5%左右的水平，那么凭借出色的投资理财能力，A先生与B先生的财富差距也会进一步拉开。

5%的理财收益率足以跑赢市面上的大多数投资理财产品。但要实现5%的理财收益，不能把所有资金只投放到某一个投资理财项目之中。因为，在当前的利率环境下，我们很难找到年收益率达到5%的单个理财产品。因此，实现资产的灵活配置，优选出稳健的资产组合，将会是实现5%理财收益的关键措施。

赚取人生中第一桶金并不轻松。实现人生中的第一桶金，关键在于两个字：坚持。

以前面提到的A先生为例，如果A先生可以将赚钱、省钱与投资理财的习惯坚持5年，那么在扣除生活开支后，A先生有机会存到百万元的资金。拿着这笔资金进行购房。如果A先生到三、四线城市购房，这笔钱甚至可以全款购房了。

因此，赚取人生中第一桶金，关键还是要坚持积累。只要拥有稳定的收入来源，加上坚持存钱理财的毅力，那么你的生活质量是相当不错的。

三、赚取第一桶金只是开始

有些人可能会认为，当自己赚到人生中的第一桶金后，目标也基本上完成了，自己也不必再存钱理财。这种想法，其实是错误的。赚取第一桶金只是一个开始。接下来，你应该趁热打铁，为人生中第二桶金、第三桶金去努力。

赚取第一桶金的过程其实也是一个积累人脉资源和原始财富的过程。相比起第二桶金、第三桶金，赚取第一桶金的难度是最大的。究其原因，主要是赚钱初期缺乏人脉资源和社会经验，同时也没有太多赚钱的技巧。当你完成了第一桶金的财富积累，你的人脉资源、社会经验以及投资理财技巧有了一定的积累。因此，在此基础上再去赚取第二桶金、第三桶金的难度会明显降低。所以，对普通人来说，趁早实现赚取第一桶金的任务，将会直接影响自己未来的财富命运。

赚取第一桶金，讲究的是积累坚持。赚取第二桶金、第三桶金讲究的是人脉与技巧。很显然，不同阶段的赚钱方法不一样，但新阶段的赚钱方法往往建立在前一个阶段的基础上。你打下来的基础越牢固，接下来的路会走得更平坦、更顺畅。

第二节　珍惜三次改变人生命运的机会

每个人出生在不同的家庭，注定会有不一样的人生命运。我们无法改变自己的出生，但却可以改变人生发展轨迹。在人生数十年中，很多因素会改变我们的命运。例如，读书、婚姻、职场等，选择不同的发展方向、不同的伴侣，都可能会改变你的命运。

一、珍惜人生三次改变命运的机会

人的一生，一般有三次重要的人生机遇。如果你可以珍惜这三次机会，你的人生可能会不一样。

第一次改变人生命运的机会是读书。

有人说，现在学历已经贬值了，自己好不容易读完大学本科，才发现进入企业的门槛更高了。自己努力读完硕士，也只能勉强找到一份工作。

还有的人天生是读书的材料，通过努力拿到博士学位，而且本硕博都是名校，本以为拥有这样亮眼的学历以及名校头衔，毕业后找一份高薪工作应该会很轻松。结果职场上的竞争者太多，且很多人都很优秀，自己看起来出色的经历也黯然失色。

与十年前、二十年前相比，现在的年轻人想要出头需要付出更多的努力、更大的代价。究其原因，主要受到几个因素影响。

第一个因素，人才越来越多，主动权从求职者转移到了用人单位。用人单位肯定想挑选出性价比最高的人才，让他们为公司创造出最大的价值。因此，面对激烈的竞争环境，只有自己足够优秀，才能够脱颖而出。

第二个因素，很多年轻人不愿意做基础工作，也不愿意干体力活、技术活，都想找坐办公室或轻松的工作。但在现实情况下，这类工作的用工需求有限，而其他很多岗位却招不到人。

第三个因素，现代人的学历水平明显提升，没有一点真本领很难脱颖而出。参与高考、考研，本质上是人与人之间综合能力的比拼。假如自己在某一方面的能力有所欠缺，那么竞争优势也会显著降低。所以，现在的年轻人需要具备更强的综合能力。

结合上述三点，年轻人要想通过读书改变命运，需要比上一代人付出更多的努力、付出更大的代价，同时，也需要增强自己的综合竞争力，这样才能更好地抢占先机。

二、婚姻是一把双刃剑

第二次改变命运的机会是婚姻。一段美好的婚姻，可以促使双方进步。反之，一段不好的婚姻，可能会让一个人跌入人生谷底。

有的人是普遍家庭，却因为嫁给了富豪，由此改变了自己的人生命运。有的人本来是衣食无忧，但结婚对象不尽如人意，美好的生活一下子变成了灾难，每天反反复复地争吵，会导致双方长期处于疲惫不堪的状态。

还有一种情况，即男女双方均来自普通家庭，本身起点不高，但因为彼此的性格合拍，有共同的话题，所以双方互相促进，并推动着双方的努力上进。这种婚姻会给双方带来正反馈的影响。

所以，婚姻的状况直接影响着一个人下半辈子的发展。选择正确的结婚对象，可以让自己少走一些弯路，并促进自己与另一半的健康成长。一旦选错了结婚对象，可能会毁掉自己的事业、家庭，最终的结局是一加一小于二。

婚姻，如同一把双刃剑，好的婚姻可以成就一个美满幸福的家庭。

不好的婚姻可能会导致双方陷入无休止的争吵，最终不欢而散。因此，对待结婚这件事情，需要非常谨慎。结婚，可以看作人生的重大投资，而且筹码是自己下半生的幸福。

三、投资与创业未必适合所有人

除了读书与婚姻之外，第三次改变人生命运的机会是投资或创业。但是投资与创业本身是高风险与高收益并存的投资方式，有的人借此成功实现财务自由，有的人则倾家荡产多年无法翻身。投资也是一样，客观来说，并不是所有人都适合投资或者创业。

那么，哪些人更适合投资或者创业？

首先，你必须拥有一定的风险承受能力。在自己的风险承受范围内进行投资或者创业，可以有效降低自己的犯错成本，有利于保持良好的投资心态，使得成功的希望越大。

如何判断自己的风险承受能力？不妨从股票投资进行测试，把自己的投资金额不断往上增加，当你因股票价格的波动产生明显焦虑时，这就是你的风险承受上限。超过这个上限，你可能会有烦躁不安的表现，这个时候切忌继续投入资金，否则犯错的概率会显著增加。

再者，你得准备一定的本金，并做好功课。无论是投资还是创业，都离不开本金的支持。假如一开始借债投资或者借债创业，投资一旦失败，你可能会面临漫长的偿债过程，压力可想而知。

除了必要的本金之外，你还需要做好充分的准备。那么要做好哪些准备？

从创业者的角度出发，首先要确定好创业的项目，并对这个项目的发展计划、行业的发展前景等方面做一个全面的评估。与此同时，需要对后续资金需求做一个全面的推演，例如分析自己手中的资金可以维持多长时间，未来存在的资金缺口又该如何填补。此外，还要做好人脉资源的储备，并熟悉多条补充资金的渠道，提升创业的抗风险能力，并做好最坏的打算。

从投资者的角度考虑，首先评估自己的风险承受能力，了解自己属于哪一类型的投资者，再按照自己的风险承受能力参与投资。

激进型的投资者风险承受能力很强，可以容忍持市值较大幅度回撤，他们可以根据自己对市场的判断力，对自己长期跟踪的企业或者投资组合进行投资，追求更高的投资收益率。而稳健型的投资者在不懂得筛选投资产品的前提下，不妨参考一些对接核心市场指数的指数基金。相对于股票投资，投资指数型基金的风险相对可控。保守型投资者风险承受能力较弱，因此不建议他们投资股票，因为股票投资本质上是高风险与高收益并存的投资方式。投资者不要只看着高收益，却忽略了高风险的存在。其实，除了股票、基金以外，房地产、黄金、债券等都是主流的投资品种。投资者可以根据自己对不同领域的熟悉程度、自己的风险偏好进行资产配置，不要盲目跟风投资。

四、趁年轻多试错

人生的命运该如何把握，主动权掌握在自己手中。在自己年轻的时候，不要错过任何机会，一旦错过了，下一次机会可能要等几年，有的机会甚至一辈子也遇不上了。

虽然年轻人拥有很多试错的机会，但并不是任何事情都可以试错。有的错犯了一次，基本上无法挽回了。

例如，触犯法律的事情必须回避。否则，会毁了自己的人生。

又如，无底洞的投资应该及时止损，不要无限试错。否则，年轻时背负的债务、损失的信誉，将会花费数十年来偿还。

再有，别人走过的弯路，自己不要去尝试。既然别人把自己的失败教训告诉你，那么就不要重蹈覆辙。

在投资前期，投资者可以用一些小额资金参与投资，这样试错的成本很低。退一步说，即使这笔资金全部亏掉，也不会影响到自己的日常生活。假如你的胆量更小，还可以先通过模拟盘进行学习演练，进而大大降低试错的成本。待自己充分了解市场，熟悉投资品种以及了解自己的投资风格之后，再逐渐提升投资规模。

因此，在试错之前，需要选择正确的试错方式。此外，只有做充分的准备，才能够在年轻的时候积累更多的财富，比同龄人少走一些弯路。

其实，趁年轻多学习、多尝试，这也是未来人生道路上的重要财富，不可小视。

第三节　赚钱、省钱、理财缺一不可

一个人从贫穷走向富裕，并非一朝一夕的事情。在此过程中，除了要抓住人生发展机遇之外，还离不开三个过程，分别是赚钱、省钱与理财。

一个人从校园走进社会，如同一张白纸，无论是工作经验、人脉资源，还是个人财富等，几乎都是从零开始积累。不过，年轻人往往有更多的试错机会。所以，年轻人在走进社会之前，应该做好自己的职业规划，确定自己的专长领域，并在这个领域深耕，这样才可以达到事半功倍的效果，财富积累的速度也会更快。

在赚钱的基础上将省钱与理财相结合，将会达到意想不到的效果。但是，在财富积累的过程中，最忌讳的事情是总想着一夜暴富，正确的做法是用慢慢变富的心态投资理财，这样才可以让自己保持平稳的心态，提升成功的概率。

一、学会赚钱，也要学会省钱

谈起省钱，有的人不以为然。因为，在他们心目中，省钱相当于吝啬，或者是不舍得花钱。其实，对于省钱，很多人存在不少误解。省钱，不等于吝啬，更不等于不舍得花钱，而是需要构建起科学用钱、合理用钱的方式。

在现实生活中，我们往往会花一些冤枉钱。但是，因为很多人从来没有对生活开支进行记账的习惯，长期下来，自然会在某些领域花掉不少冤枉钱。随着时间的推移，这笔冤枉钱数目越来越大，把这些钱用到实处，带来的效用是不一样的。

对此，省钱达人们往往都会有一本属于自己的小账本。他们会把每个月的具体开支记录在小账本上。例如，在这个月，家庭用在柴米油盐酱醋茶的费用有多少，用在衣食住行的费用有多少等。

那么，省钱会给我们带来多少益处呢？

举个例子，A家庭月收入20000元，每月支出高达15000元。扣除这笔费用后，每月只能够存下5000元。A家庭有几份支出是固定的，不能轻易调节。例如，房贷或房租、柴米油盐支出、交通费、话费等。除此之外，A 家庭每月还会购买一些新衣服，偶尔外出旅游、聚餐等。从省钱的角度出发，这部分支出可以灵活调节，并根据家庭当月的收入增减合理调整。

例如，A 家庭可以把每月 2 万元收入作为参考基数，如果某个月的家庭月收入超过 2 万元，且超出了一定的范围，那么可以增加相应的支出比例。反之，如果 A 家庭某个月的收入低于 2 万元的水平，则可以在上述可调节的支出项目中合理缩减，以提升当月家庭可支配收入的空间。

事实上，省钱并不等于无限度压缩开支。学会省钱主要是为了更好地了解自己的钱花在哪里，资金如何支配才不多花冤枉钱，使家庭的资金利用率显著提升。

二、学会了赚钱与省钱，该怎样理财

俗话说，你不理财，财不理你。由此可见，投资理财的重要性。如果缺乏投资理财的意识，你确实很难实现资产的有效增值。长期下来，与同龄人相比，你财富积累的速度也会缓慢不少。

赚钱与省钱都不容易，可以坚持下来的，都是不简单的人。学会了赚钱与省钱，当自己的财富积累到一定程度的时候，接下来我们就需要掌握理财的技巧了。

赚钱是积累资金的基础，省钱是提升资金的有效利用率，而投资理财是实现资产增值的有效方法，只有三者有效结合在一起，才能够发挥出更好的资产增值效果。

那么，我们该如何理财呢？这个问题确实困扰了不少人。

投资理财没有想象中那么简单。因为投资理财涉及很多金融知识，并考验投资者对金融工具、投资品种的灵活使用。若风险把控不当，可能会导致投资者资产增值未成反而缩水。

需要提醒的是，无论是赚钱、省钱，还是理财，都需要考验投资者的耐心。只有拥有足够的投资耐心，并确定合理的资产配置策略，才可以实现较好的资产增值效果。

客观来说，赚钱、省钱以及理财，缺一不可。当你清楚了解并处理好三者之间的关系之后，距离财富增长就又近了一大步。

第四节　哪些投资弯路必须避开

投资这件事，看起来简单，其实不然。有的人尝到一两次甜头，就以为自己是股神。殊不知，只有拉长周期，才知道自己会不会在投资市场中亏钱。因此，投资者应该要理性看待投资这件事，有一些弯路必须避开。

无论是大家耳熟能详的股票、基金，还是房地产、黄金、债券、收藏品、邮票等，不管是哪种投资渠道和品种，背后都存在一定投资风险。所以，初入投资市场，第一步是排查投资雷区。

一、排查投资雷区

举个例子，某款投资产品，标注的投资回报率是10%，且保本保息，有第三方存管机构进行兜底。假如按照这个投资产品的宣传，这款投资产品的吸引力非常高，足以秒杀市面上绝大多数的投资产品。即使是专业的股票投资者，也未必可以保证一年获得10%的投资回报率。

不过，只要我们认真分析一下，就会明白这款"高息无风险"的投资产品其实是不靠谱的。

首先，必须清晰了解资金的投资去向。目前银行理财、货币基金以及债券市场的投资回报率很难超过4%。即使是基金，一年实现10%的投资回报率，也可以在众多基金中排名前列，所以10%的投资回报率存疑。

其次，保本保息的兜底承诺本身也存在很大的漏洞。底层资产尚且无法保证如此高的投资收益率，那么保本保息又是从何谈起呢？此外，根据当前的监管规定，承诺保本保息也是不允许的。

有一种可能，就是这个项目本身存在资金池，平台可能通过借新还旧的方式来达到相应的兜底目标。与此同时，第三方存管机构也可能与投资平台存在关联。显然这种方式并非毫无风险。由此可见，高回报无风险的投资产品基本上是不存在的。假如出现这类产品，也基本上是骗局。

二、哪些公司的股票不能买

在资本市场上，上市公司质量参差不齐。有的上市公司因触碰面值退市规则而退市；有的因财务造假、欺诈上市而退市；有的则因触发财务条件而被终止上市。

如果说股市是经济的晴雨表，那么上市公司股票价格是它经营状况的先行指标。上市公司股价阴跌不止，也在一定程度上反映出其经营状况发生了问题，否则市场资金不会频繁抛售股份，并导致股票价格的持续下跌。

有的投资者热衷于投资低价股股票。需要提醒的是，随着全面注册制的实施，股票市场的投资逻辑以及盈利策略已经发生了重大变化。过去，一家公司因经营不善倒闭了，其壳资源是很宝贵的，一旦注入其他公司的资产，立马乌鸡变凤凰，股价飙升，低价进入的投资者也会赚得盆满钵满。如今，上市公司的壳资源已经大幅贬值，甚至变得一文不值。

举个例子，某上市公司股价为每股 2 元，符合投资者心目中的低价股条件。但是，2 元的股价可能并非它的最低点。在上市公司业绩持续低迷的背景下，该上市公司的股票价格从每股 2 元跌至不足 1 元，累计跌幅达到 50% 以上。紧接着，因股票收盘价格连续 20 个交易日跌破每股面值，该上市公司触发面值退市的条件。此刻，该公司股价从每股 1 元跌至每股 0.3 元，跌幅达到了 70%。股价从每股 2 元跌至每股 0.3 元，累计下跌的价格看起来不算很多，但累计跌幅却达到 85%。由此可见，投资低价股并不意味着低风险投资。假如不充分了解市场的投资规则，那么很可能会踩中投资雷区，承受很大的投资损失。

三、识别上市公司的财务雷区

在股票投资过程中，识别上市公司的财务风险，也非常重要。在 A 股市场中，已经有不少上市公司因财务问题遭到了监管部门处罚，有的甚至遭退市。

投资者可以通过上市公司历年来的现金分红情况进行财务排雷，可以让自己少走一些投资的弯路。

一般来说，如果某一家上市公司持续现金分红，且上市以来累计分红金额高于再融资的规模，那么该上市公司发生财务风险的概率比较低。与之相反，如果某家上市公司长期处于"铁公鸡"的状态，上市以来基本上是"一毛不拔"。同时，自上市以来，该上市公司经常采取再融资的措施，对这类上市公司，投资者可以采取回避的策略。

需要注意的是，如果上市公司在某一年份出现了超高比例分红的现象，尤其是上市之初的超高比例分红现象，则需要引起投资者的警惕。因为，有的上市公司可能会打着高分红的旗号拉升股价，或为大股东和重要股东的套现行为做铺垫。这并非否定分红的意义，而是需要提防部分上市公司借助高分红变相套现。在实际情况下，如果上市公司的现金分红缺乏持续性，且上市公司本身不具备现金分红的条件，那么对这类异常高比例分红的行为，投资者还是需要打起十二分精神。

因此，通过分析上市公司的持续现金分红能力，也可以起到一定的避险效果，并有效降低投资者的踩雷风险。

四、观察上市公司是否存在"黑历史"

观察上市公司历年来的公告可以发现一些"黑历史"。例如，上市公司是否曾经受到证监会的立案调查，或者是否收到行政处罚书，这些内容都可以从上市公司的公告中查到。除此以外，还可以观察上市公司的实控人、董监高等，是否曾经受到警告或者市场禁入等处罚。

另外，自企业上市以来，是否曾经有过"披星戴帽"（披星指在股票代码前加"*"号，戴帽指在股票代码前加"ST"）的历史，又或者是否存在业绩暴涨暴跌的情况，这些现象从一定程度上反映出上市公司的经营波动比较大，暗示着该上市公司可能存在一定的投资风险。

上市公司的过往给投资者提供了一个思路。上市公司的"黑历史"或多或少反映出该公司在经营管理方面出现过问题。如果一家企业缺乏及时有效的纠错机制，那么很可能会导致其接连犯错，并给投资者带来不可挽回的损失。

五、通过上市公司前十大股东情况排雷

有人会问，观察上市公司是否有财务风险，不是要把精力放到研究上市公司的财务报表身上吗？确实，通过分析上市公司的财务报表，可以有效降低投资者的踩雷风险。但是，有的上市公司擅于伪装，可能会在财务报表中粉饰数据。这个时候，专业能力不太强的投资者很容易踩中陷阱。

因此，投资者除了仔细研究上市公司的财务报表之外，还可以通过前十大股东的名单变化去排雷。

例如，有两家上市公司，其中一家公司的前十大股东基本上由散户投资者组成。另外一家上市公司的前十大股东以机构投资者为主，且有外资机构、社保基金的身影，那么后者的财务状况基本上得到机构投资者的认可，相当于已经为普通投资者排过一次雷。与普通散户相比，机

构投资者在企业调研、财报分析等方面更专业。但凡经过社保基金、外资机构等机构投资者筛选的企业，在财务状况上相对具有较高的安全性，突然发生风险的概率大幅降低。

除了上述提及的"排雷"方式外，投资者还可以观察该上市公司是否被列入重要市场指数的样本股或者知名基金的重仓股名单之中。一般来说，如果一家上市公司被列入名单，该公司的基本面与财务状况已经得到层层把关，发生财务风险或者基本面风险的概率不大。

值得一提的是，无论是股票投资、房产投资，还是其他领域的投资，投资者一定要投资自己熟悉、自己看得懂的领域，否则潜在的投资风险也会直线上升。在自己熟悉的领域中，投资者可以利用自己的经验与技巧去挖掘该项目的潜力，这样踩中陷阱的概率也会显著下降。投资自己熟悉的项目、熟悉的企业，相当于"顺势而为"，投资的成功概率也会明显提升。否则就是"逆势而为"，赔钱的概率也会显著增加。

第三章
打开你的财富大门

投资是一项高风险与高收益并存的赚钱方式。做对一笔投资,可能不那么难,但要想做好长期投资,并实现资产的快速增值,就没那么容易了。

除了投资之外,创业也是改变财富命运的重要方式。不过,与投资相比,创业更考验一个人的综合能力,包括统筹能力、沟通能力、学习能力等,而且需要团队支持。

当然,任何成功都不会太容易。要想打开财富的大门,唯有持续学习,不断提升自己。

第一节　小本金大回报的方法

无论是创业者,还是投资者,无不希望用小投入获得大回报。从著名股神巴菲特到投资大师段永平,他们获取的巨额财富,也是从小资金积累起来的。不要小看自己手头的小资金,通过高效的投资,也可以逐渐变成巨额的财富。

那么,到底有哪些小投入大回报的方法呢?接下来,我们分别进行解析。

第一种:投资优质企业的股权

相比投资其他企业,投资优秀企业具有比较高的确定性。不过,投资不同发展阶段的企业,往往会带来不一样的结果,如果在企业处于高度成熟阶段投资其股票,潜在的投资回报预期会明显缩水。如果投资者选择在企业快速成长的阶段进行投资,那么潜在的投资回报预期会显著提升。但不同的是,前者主要给投资者带来股息红利。后者资产价格的上涨，可为投资者带来投资回报。对投资者来说，最断的问题是如何判断这家企业是处于高度成熟期还是快速成长期。

判断一家企业的发展阶段，最直接的方法是看该企业的扣非净利润增速以及营收增速水平，且从同比和环比的角度进行全方位对比。营收与盈利增速的表现，可以反映出一家企业的成长能力。退一步说，如果这家企业开始步入发展瓶颈阶段，那么它的营收与净利润增速持续放缓，有时候企业持续处于增收不增利的状态，很有可能在经营方面已出现一些问题。

除此之外，投资者还可以通过企业分红力度与扩张能力来判断企业的发展期。一般来说，在企业处于快速发展的阶段，其分红的力度比较小。企业更愿意把更多的资金用到生产扩张的过程，并在企业处于快速发展的阶段获得更好的发展成果，而非把利润分给股东。同时，股东们也希望企业把钱用到实处，资本市场也愿意给处于快速成长期的企业更高的估值。

与之相比，当企业处于高度成熟期的阶段，企业扩大生产的意愿会有所下降。盲目扩大生产可能会造成产能过剩。因此，有的企业会保持较高的研发投入，为之后的发展转型争取更多的时间。有的企业则考虑把利润分给股东，此时股东是最直接的受益者。

第二种：巧用可转债投资规则

对信用评级良好，且价格处于破发状态的可转债，投资者不妨大胆投资，获得可转债的套利机会。如果投资者操作得当，且能够把握投资的节奏，那么有机会实现"小本金，大回报"的投资效果。

针对这一种投资方法，首先要熟悉可转债的交易规则与投资特征。

例如，某一可转债投资品种，投资者需要观察它的赎回价格、回售价格以及到期期限等信息。最重要的是，还要了解该可转债的信用评级、每年给予投资者的利息以及到期收益率等。

其中，信用评级直接影响该可转债的兑付能力。信用评级越高，该可转债的安全性越高，兑付能力越强，投资者投资该可转债的风险比较小。当可转债的信用评级比较高，且当前可转债价格已经发生了破发的迹象，就是投资机会。

在可转债可以实现完全兑付的情况下，可转债价格越低，投资回报率越高。加上持有期间的利息收入，那么这一笔投资的利润空间是比较可观的。

值得注意的是，可转债当前价格、到期赎回价格以及每年利息收入等因素，直接影响着可转债的投资收益率。

举个例子，某可转债品种的发行价格为100元，当前价格为95元。同时，该可转债的到期赎回价格为112元，且距离到期日只有两年。这个时候，投资该可转债的到期潜在投资收益率可以达到 17% 左右，相当于每年 8.5% 左右的投资收益率，这是相当可观的收益水平。此外，若算上当期的票面利率水平，那么潜在的到期收益率更高了。不过，实现上述投资收益目标之前，需要满足该可转债品种完全兑付的条件，若无法完全兑付，则意味着该策略失效。

第三种：在熊市投资指数型基金

A 股市场拥有超过 2 亿的股民，但不少股民怨声载道。归根到底，这与股市长期重融资的定位有关，在市场投资回报功能偏弱的背景下，股民们通过股市赚钱的难度显著增加。

在 A 股市场上，普通投资者赚钱最简单的方式主要有两种。

一是投资者长期跟踪自己非常熟悉的上市公司股票，并利用股票的运行规律进行高抛低吸，从中获利。不过，这种投资方式存在较大的投资风险。举个例子，如果该上市公司发生了突发事件，或者出现了引发股价波动的风险因素，引起股价大跌，可能会给投资者带来比较大的损失。因此，对于这种投资方式，投资者需要对整个市场以及上市公司股票有非常深入的认识，并且通过长期跟踪熟悉该股的运行规律。

二是投资者可以通过投资核心的指数基金获利。投资指数基金相当于间接买卖市场指数。投资者需要对市场指数的运行规律比较熟悉，利用市场指数的运行规律获利。与第一种赚钱方式相比，这种投资方式比较简单，适合稳健型的投资者参与。

值得一提的是，这种投资方法更多考验投资者的判断能力以及投资胆量。相比起投资股票，投资指数型基金不必考虑个股的"黑天鹅"风险。投资者需要把握市场的运行规律，等到机会到来之际大举建仓，然后等待市场回升的行情。如果节奏把握得比较好，投资者一年可能收获10%以上的投资收益率。

第四种：向身边的成功创业者学习

创业并不容易。在创业市场中，常有"九死一生"的说法。即使如此，依然有很多创业成功的案例。

并不是所有的成功创业者都可以拿着比较大的启动资金。大多数的成功者也经历了一段漫长的积累过程。期间，他们可能也遭遇多次失败，但与一般人不同的是，他们可以在跌倒后再爬起来。

对计划创业的人而言，走访、观察和学习成功创业者，可以获得有用的信息。在开始创业之前，不妨亲自到这些商铺去走走了解情况。与此同时，将其与同行业同类型的商家进行深入对比，总结出这个商家的成功秘诀。

充分准备之后再开启自己的创业旅途，可以减少一些潜在风险。不过，在开始创业之前，还是需要做好亏损的心理准备。创业初期，对一个人的心理考验最明显，如果找到合适的创业项目，创业者要做好持久战的准备，不要幻想创业几个月就可以赚到大钱，不少创业项目的成功，取决于一个"守"字。

第五种：投资自己，让自己实现增值

相比起大多数的投资渠道，投资自己是最实在的，回报可能也是最大的。

类似的案例有很多。有的人年轻时赚了很多钱，却不注重身体健康。到了中晚年的时候，却不幸患上大病，不仅花费了大量资金，还落下病根。在赚钱与健康之间，如果你选择了用健康换金钱，那么下半辈子很可能需要用金钱去换取健康，这其实是一个得不偿失的结果。

也有一些人，他们虽然不是大富大贵，但却非常注重自己的身体健康状况，每天坚持锻炼，养成了良好的生活习惯。到了晚年，当同龄人为高昂的药费发愁，为自己长期卧病在床感到悔恨的时候，他们却可以享受美好的生活，这也是大多数人非常羡慕的生活状态。

那么，普通人应该如何投资自己呢？

投资自己的方式有很多，最常见的方式是通过不断学习提升自己，进而实现更大的人生价值，这也是人生最大的财富，还可以投资自己的饮食与居住环境，不断提升幸福感，让自己的身体状态与精神状态变得更好。

说得直白一点，拥有健康的身体，可以更好地工作。一副好身体对工作的正面影响是毋庸置疑的。所以，投资自己绝对是一种"小本金，大回报"的投资方法。

当然，"小本金，大回报"的投资方式不止以上几种。总之，除了找对合适的创业项目，还需要掌握正确的投资或创业方法。与此同时，还需要不断摸索经验，总结教训，这样才可以让自己少走一些弯路，并稳妥地获得更多财富。

第二节　创业是天堂还是地狱

很多年轻人选择大学毕业后去创业。但是，我并不建议年轻人着急去创业。因为，创业本身是比拼资源、人脉、团队的游戏。如果创业失败，创业者要么一切从零开始，要么欠下一大笔债务，未来的人生处于漫长的还债过程。无数实践证明，只有少数人可以通过创业实现财务自由。所以，创业既可以是天堂，也可以是地狱。并且除了各种必备的准备之外，创业还需要时机与运气。在股票市场中，常有"顺势而为"的说法，这对创业者同样适用。

在股票市场中，在上涨趋势中投资股票，大概率可以获得资产增值的效果，此时"顺势而为"。但是，在下跌趋势中，如果逆势投资，那么发生亏损的概率大大提升。同理，如果创业者擅于抓住风口，并摸准了消费者的消费需求，那么创业成功的概率将会大大提升。反之，如果创业者的项目与消费者的实际需求背道而驰，那么创业风险会随之提升。

之所以有人说，创业是天堂，是因为他们懂得抓住机会，并看好创业的时机。例如，在互联网电商全面发展的时代，创业者如果还是采用过去的经验和思维模式，不愿意与时俱进，那么很可能会在互联网时代中遭到淘汰。很显然，在时代发展的潮流中，创业者如果掌握流量密码，深刻了解消费者的需求，那么很可能会在一轮红利期中获得快速发展的机会。

之所以有人说创业是地狱，很有可能他还没有做好充分的准备。商场如战场，但凡没有做好准备，失败的概率也会大增。因此，创业之前的准备工作是非常重要的，且应该根据市场的需求、消费者的痛点对症下药。否则，只会在创业过程中付出更多的代价。

那么，到底哪些人适合创业，哪些人不适合创业？创业者，又应该做好哪些准备呢？

第一，需要有不怕失败的心态。

很多人总以为创业很容易，只需要找到项目、资金，很多事情就可以顺利进行。殊不知，理论与实践是两回事，假如你对创业的看法过于理想化，那么很容易会让你在创业的过程中跌得很痛。

失败是成功之母，运用到创业者身上，也是非常贴切的。遇到创业失败的时候，你用什么样的心态去面对失败，又会用什么样的行动扭转困局，这将直接影响你的创业前景。

创业者，尤其是年轻的创业者，要珍惜自己的试错机会，趁自己年轻的时候多尝试、敢于拼搏，等到自己成长之后，也不会因自己过去的举动而感到后悔。

我非常欣赏一句话，一个人的能力有多大，不要看他在顺境中的爬升高度，而是要看他在逆境中的抗压能力，或者是看他跌入谷底之后的反弹能力。

第二，看看自己的创业项目是否有创新。

很多创业项目差异化不大。创业者虽多，但可以拿出有竞争力、创新的项目的创业者却不多。所以，在创业之前，创业者需要看看自己的项目是否与能在众多创业项目中脱颖而出，这将直接影响自己的创业结果。

如果自己的创业项目有创新点，那么可以考虑在第一时间申请专利。一旦拥有属于自己的专利，拥有与众不同的创业构思，创业者往往容易掌握更大的优势，更有机会在众多创业者之中脱颖而出。

第三，启动资金是否满足创业前半年的需求。

创业启动资金的多少，直接影响创业者的各种规划。如果启动资金比较少，那么各项环节的预算只能降下来。事实上，启动资金的多少还影响创业团队信心的强弱。

举个例子，如果启动资金只有几万元，创业初期只能用比较低廉的成本完成创业项目，甚至有些项目无法开展，这很可能会影响创业团队的士气与信心。

士气与信心对一个创业团队来说非常重要。如果团队没有了士气与信心，创业失败的概率会大幅增加。

第四，预判创业过程中的各项风险。

创业本身是一把双刃剑，利用得好可以实现个人的最大价值，利用不好可能会让自己陷入万丈深渊之中。因此，在创业之前，创业者需要提前计算好自己创业的成本与支出，充分考虑清楚各项风险因素。

假如没有做好风险管理工作就盲目创业，背后的创业风险很大。换一种角度思考，如果创业者通过高杠杆资金创业，一旦风险集中爆发，创业者很容易陷入资金链断裂的境地。

创业者一方面需要考虑自己的投资周期，现有的资金可否支撑到这一个周期结束；另一方面需要考虑创业前的筹备成本，创业过程中的各项费用等因素，并确定好多条有效的资金筹措通道。保证创业期间的资金链畅通非常重要，因为一旦资金链断裂，之前的一切努力将会白白浪费。

第五，高效的合伙人和团队会让创业事半功倍。

如果可以找到志同道合的合伙人，创业成功概率势必更大。但是，在现实生活中，有的人因利益分配问题和合伙人发生分歧，有的人在企业做大之后与合伙人分道扬镳，有的人还会因一些小事情与合伙人闹上法院。

一般来说，合伙人创业需要签订五份协议，分别包括股东合作协议、股份分配协议、保密协议、竞业限制协议以及股东退出协议等。协议越详细、越具体，未来合伙人之间发生纠纷的可能性也会越低。

所以，在创业之前，合伙人之间应该本着"先小人后君子"的原则，把相关的利益问题提前说明，并签订相应的合同，避免日后发生一些不愉快的事情。

当然，创业者也不要忘记了自己的核心团队。有的创业者不惜花费巨额资金留住人才，并且会为人才提供各种各样的优厚待遇以及丰厚的股权等。

俗话说，重赏之下必有勇夫。创业者要想办法让优秀的创业团队看到希望，让他们感受到企业的温暖。任何一个伟大企业的诞生都不是一个人的功劳，如果没有团队的支持，企业也不会由小到大，更谈不上成功了。

第六，需要有信念与专注度。

假如你拥有一个好的创业项目、一个靠谱的创业团队，同时也拥有多条的资金来源，那么你的创业之路已经成功了一半。但是，距离真正意义上的创业还存在一定距离。

成为一名创业者，你还需要拥有非常执着的信念与专注度。当一个创业项目运作逐渐成熟的时候，接下来需要比拼的是耐心与毅力。换言之，在同等的竞争环境下，谁的耐心足够强，谁的毅力足够大，那么谁有更高的概率成为赢家。

创业前期的筹备工作不容易，筹备之后的执着和专注更加不容易。所以，一名成功的创业者，本身需要具备非常强的综合素质和能力。稍有一项不达标，创业项目极可能会遭到市场淘汰，这也是创业过程中残酷的一面。

第七，不要迷恋过去的成绩，而要展望未来。

很多人把自己创业的目标设定为上市，只要企业上市了，也就意味着创业成功了。这种想法不能说有错，但却是比较短视的。在资本市场中我们可以发现一个现象，很多上市公司在上市之初的估值非常高，待企业渡过了限售股解禁期之后，各种各样的减持压力会随之而来，有的企业高管甚至采取了清仓式减持的做法。

如果一家企业只是把上市变现作为最终的目标，那么这家企业注定是做不长久的，更谈不上成为优秀的上市公司。

对创业者来说，创业成功之后不要迷恋过去的果实，更需要展望未来，朝着更远的目标前行。只有把自己的企业做大做强，才是一个真正意义上的企业家。如果创业者只是为了套现，或者是捞一把就跑，基本上看到的是短期利益，这样的企业注定走不远。

创业，本身属于"九死一生"的游戏，最终真正创业成功的人并不多，很多创业者表面上风光无限，背后却承担着巨大的压力，心中的苦闷不是一般人可以理解的。因此，准备创业的朋友可以对照前述几点，做好准备，如果尚未准备好，建议不要轻易开启自己的创业之路。

第三节 创业者容易犯的错有哪些

与投资相似,创业同样也是高风险高回报的投资项目。创业之所以称为高风险投资,主要与它的前期投入大、创业期间变数多等因素有关。所以,在创业的过程中,常有"九死一生"的说法,最终可以活下来的创业公司并不多。

公开数据显示,中国民营企业的平均寿命为2.9年,有60%的民企在5年内破产,85%的民企会在10年内倒闭。

创业为什么会如此不容易?

实际上,创业考验的是资源、人脉、项目、资金、团队等多方面因素,缺一不可。在创业的过程中,哪怕是一个小小的错误,也可能会导致创业项目的失败。有句话叫"细节决定成败",细节可能会影响创业命运。

那么,创业者容易犯的错有哪些呢?我们不妨细数一下。

第一点,创业者想做稳赚不赔的生意,但最终结果往往是事与愿违。

"稳赚不赔"自然是最理想的结果。但是，世界上并没有这么多稳赚不赔的生意，创业者不能把事情想得过于理想化，一旦把创业预期大幅提高了，很容易产生出巨大的心理落差。反之，创业者如果把预期降低，并把前期筹备工作做好，往往会有意想不到的收获。

第二点，刚毕业就去创业，高估了自己的能力。

很多年轻人，两手空空却总以为自己会成为一名成功的创业者。但是，凡是过高评估自己能力的创业者最后往往会吃大亏。

刚毕业的年轻人，一没有启动资金，二没有社会经验，三没有可靠的合作团队，四没有可行的项目规划。在缺乏上述条件的基础上盲目开启自己的创业之旅，会导致自己陷入困境之中。

通常情况下，有一定的资金积累、社会经验、人脉资源等条件之后，再去创业，成功概率会更高。即使是具备创业天赋的人，也不能过高评估自己的能力。

创业者如果在创业之初给自己制定出很高的回报预期，却没有考虑创业失败的风险，那么当创业遇到挫折的时候，这位创业者很可能承受不了失败的痛苦。换句话说，预期太乐观，未必是一件好事。

举个例子，李先生毕业后选择了创业，他给自己制定了创业一年获得100%投资回报的计划。本来，一切准备就绪，李先生可以按照既定的计划开始创业，但李先生的合作方临时取消合作。一时间，李先生不知所措，加上经验不足，找不到应对措施，最后导致李先生的创业计划陷入了困境。

刘先生也是一名创业者。但是，与李先生相比，刘先生却谨慎很多。在创业之初，刘先生把所有可能存在的创业风险都考虑进去了，面临突发状况，他都可以轻松应对。与此同时，他给自己制定了创业前三年不赚钱的计划，并把利润用来开发资源、拓展用户。经过三年的努力，刘先生不仅把投资的本金全部赚回来了，还赚取了不错的利润。

当然，笔者并非完全否定刚毕业就去创业的做法，毕竟大学生创业成功的案例也是有的。但没有做好准备就选择创业，风险是会被成倍放大的。

第三点，把创业的投资收益率定得太高，过于理想化。

创业的第一目标是赚钱。目标设置的高低，将会直接影响创业期间的筹备工作。不过，有的人把创业的收益目标设置得太高，过于理想化，最后却完全打乱了自己的创业节奏。

一步一个脚印，循序渐进，这是最佳的创业策略。设置合理的创业目标，既可以减轻自己创业过程中的一些压力，也可以保持正常健康的创业节奏，稳步实现创业的目标。

因此，正确评估自己的实际能力、理性制定收益目标，将有利于自己的创业进程。但凡投资或创业，投资者都不能过于理想化，应该要提前考虑各种各样的潜在风险。

第四点，创业期间脸皮太薄。

有的人之所以成功，主要是脸皮厚、情商高。需要注意的是，这种"脸皮厚"，主要指遇到机会积极争取，遇到值得交往的人大胆靠拢。应用到创业之中，创业者需要不断寻找新项目、不断争取有效人脉资源等，这样才可以为自己的创业之路打开更多的突破口。

有时候，创业需要有一种执着的精神，需要放得下自己的"面子"。如果自己的脸皮太薄、性格过于内敛，那么很难在创业过程中获得成功。反之，脸皮厚，外向性格的人，却容易获得意外的收获。这是因为，很多时候机会并不会自己送上门来，而是需要自己去积极争取。如果自己不去积极探索和争取，那么即使机会来到面前也会错过。

第五点，创业总想着成功，没有试错的精神。

很多年轻人走入社会，却缺乏冒险精神。他们惧怕冒险，主要是担心会输。但是，如果抱有这样的心态创业，那么很可能会失败。创业者应该要有敢于试错的精神，不要总害怕失败。十次创业可能会有九次失败，但一次成功，也可以把过去的投资损失弥补回来。所谓失败是成功之母，只要善于从失败的教训中不断总结经验，创业成功的概率也会大增。

创业不容易，且不少创业者可能会失败。但是，这并不会影响大家的创业热情。既然选择了创业，就应该学会坦然承担失败的风险。

第六点，意气用事，不善于与人沟通与商量。

在创业的过程中，有的人突然产生了某个想法，干劲十足，立即执行。不过，在执行的过程中，却并未与创业团队或者合伙人进行沟通与商量，因为操之过急犯下错误，给公司造成了不可估量的损失。

遇到好的项目或者好的主意，不妨先与团队或者合伙人进行沟通与商量，待大家达成共识之后，再进行执行操作。这样一来，既可以避免与合伙人之间的纷争，也可以多吸收好的建议，减少风险，提升创业项目成功的概率。

因此，在创业的过程中，创业者意气用事也是一种禁忌。如果没有充分高效的沟通机制，容易埋下比较大的隐患和风险。

第七点，只看到眼前利益，忽视了长远利益。

创业并非一朝一夕的事。一名成熟的企业家会更注重企业的长远利益，而不是眼前利益。创业者如果只是看到眼前的利益，那么注定是做不长久的，最终还会为自己的短视行为埋单。

所以，判断一家企业的发展前途，关键要看领头人的格局。如果格局足够大，并注重长远的利益，这家企业更容易走得更远。

第八点，轻易满足，不思进取。

在创业之初，创业者肯定会承受巨大的压力。随着企业逐渐发展，创业者开始尝到甜头。有的创业者会因为眼前的成就而轻易满足，不思进取。有的创业者则把每一次的成功视为企业发展的新起点，并不满足于眼下的成绩。

轻易满足，不思进取，无论对个人还是企业，都会阻碍发展与进步。在这个时候，更考验一个创业团队的态度，是否有互相监督、互相激励的机制，避免企业陷入了发展的恶性循环怪圈。

第九点，企业嫡系文化太浓厚，致使人才流失。

一个企业的发展前景，很大程度上离不开企业团队的努力。归根到底，还是人才的比拼。假如企业内部总是上演着勾心斗角的大戏，却不是专注于发展，那么这家企业很容易走下坡路。反之，如果创业者注重人才的培养，并为积极上进，或者有潜力的员工提供晋升的机会，那么这家企业的发展前景可以说一片光明。

对一家企业来说，最忌讳的事情莫过于企业嫡系文化太浓厚，有能力的人得不到挖掘，迟迟得不到晋升。最后，只会导致有能力的人离开企业，一旦企业管理基本上由嫡系垄断，就会大大约束企业发展的活力。

因此，提升一家企业的活力，需要制定灵活有效的晋升机制，并打破企业根深蒂固的嫡系文化。否则，这种企业文化最终会影响企业的发展前景。

第十点，企业管理者的权力缺乏监督与制衡，容易产生决策风险。

企业长远健康的发展需要得到一个优秀的管理团队的支持。优秀的管理团队、优秀的人才对一家企业的发展影响很大，但再优秀的管理者，也难免会有决策失误的时候。因此，需要有一套成熟完善的监督机制，对企业管理者的权力进行适度监督和制衡，这样才能有利于促进企业的长远健康发展。

制定出有效的监督机制，且对企业管理者的权力进行有效制衡，是一家企业长远健康发展的关键因素。

上述十点是创业者容易犯的错误，如果可以避开上述问题，那么将会激活企业的发展活力，有效摆脱企业生命周期短暂的困局。

第四节　投资与创业哪个更靠谱

对很多人来说，投资还是创业，往往是一个艰难的选择。

有人说，投资比创业更轻松。因为，投资无须考虑租金、装修成本、团队搭建、企业资金链等问题。投资者只需要找到合适的投资标的，然后做好买卖点的设置，那么就可以等待收获投资成果了。

相比之下，创业需要考虑的因素有很多。除了上述因素外，还包括创业期间的政策风险、税负成本、销售量等因素。稍有不慎，很可能会导致前功尽弃，没有足够耐心和定力的人，基本上很难坚持到最后。

实际上，投资与创业，都是非常不容易的事情。

一、投资与创业哪个更易上手

现实生活中，投资与创业哪个更易上手？其实并没有一个标准的答案。

无论是投资，还是创业，都离不开天赋、经验、胆量等因素。一个人在某个领域成功与否，取决于他综合能力的强弱，有时候还需要一些时机与运气。

2006年，A先生把自己的一大部分积蓄投入股票市场之中，希望借助股票市场实现财务自由。正因为他胆量大，并擅于抓住投资的时机，A先生获得了丰厚的投资收益，提前完成了财务自由的目标。

与A先生相比，B先生没有这么好的运气，他在2010年前后采取定投的策略进入股票市场，但几年下来，B先生不仅没有实现资产增值，还损失了不少的本金。直到2015年那一轮杠杆牛市，B先生才终于回本，但已经损失了不少时间成本。很显然，B先生的投资并不成功。

由此可见，并不是所有人都适合投资，通过投资实现财务自由的人往往是少数。投资者还是需要量力而行，不要高估甚至是神化自己的投资能力。

相比起投资，创业的优势是自己可以把控资金、项目，不像投资股票那样，股票上涨完全取决于上市公司的投资决策水平。不过，创业的缺点是创业者没有上市公司那样的成熟管理、标准化经营，而且缺乏了资源项目优势与资金优势，创业初期更需要自己去不断摸索，不断寻求机会。有时候，如果自己的初创公司与实力强大的上市公司争夺同一个项目，那么上市公司更可能掌握着主动权与话语权，初创公司获得项目的概率并不大。所以，这也是创业的不确定风险之一。

做投资的人，影响他们投资结果的因素很可能是资产配置的方式，或者选择的股票类型，同时市场环境的好坏同样影响着投资交易的结果。投资者付出的成本主要有调研分析成本、持有时间成本以及买卖交易成本等。对他们来说，参与投资的目的很明确，那就是实现资产的有效增值，通过资本市场获得更多的投资收益。

创业的人，影响他们创业结果的因素主要是创业项目的变现能力、政策环境变化等。创业者付出的成本主要是前期的资金筹备、创业期间的各种开支费用等。与投资者相比，创业者需要付出更多的精力与时间。对创业者而言，创业的初衷，一方面是赚钱，另一方面可能是追求自己的人生梦想。事业型的人最享受创业期间的酸甜苦辣，这段经历是他们的无价财富。

二、投资与创业的心态

做投资与创业的人，都是不简单的。那么，为什么有的人做投资会很成功，创业却会失败？为什么有的人做投资很失败，创业却很成功？也有的人投资与创业都失败了，到最后一无所获。

投资成功的人，除了自身带有一些运气成分外，还与他们的投资心态、资产选择以及资金投入比例等因素有关。

举个例子，在过去十五年里，A先生一直持有贵州茅台股票，B先生一直持有中国石油股票。虽然这两家公司都是A股市场的主要权重股，但持有股票不同，他们的心态也截然不同。

持有贵州茅台股票的A先生，因为贵州茅台股价在很长一段时间里基本上保持上涨的趋势，所以A先生的投资心态比较良好。多年来，凭借股息分红和股价上涨，A先生获得了可观的投资利润。

与之相比，B先生却没有那么幸运了。中国石油自上市以来股价基本上处于阴跌不止的状态，股价也从最高价腰斩再腰斩，给长期持有的投资者带来了巨大的损失。

由此可见，选择不同类型、不同运行趋势的股票，都会给投资者带来比较大的影响，他们的投资心态也截然不同。

再举一个例子，A先生投资股票的资金比例占家庭总资产20%，B先生投资股票的资金比例占家庭总资产的80%。很显然，因投资比重不同，当股价发生明显波动的时候，B先生所承受的心理压力更大。

股票资产占家庭总资产的比例大小，直接影响投资者的投资心态。在日常生活中，如果你月收入1万元，那么对100元以下的商品，你可能无须思考就可以做出购买的选择。同样是1万元的月收入，如果一件商品的定价为1000元，那么你可能会深思熟虑之后再做出购买的决定。

有的人投资成功，有的人投资失败，很可能与他的资产选择和投资心态有关。持有长期运行趋势向上的股票资产，投资者往往会拥有好的投资心态。反之，也会对自己的投资心态构成影响，进而影响自己的投资成绩。

创业成功的人，则很大程度上与自己的筹备程度、资金规模大小有关。

例如，A先生与B先生都是创业者。不过，前者在创业之前已经做好了充分的筹备，信心满满。后者在创业之前并没有做好准备，甚至连计划书也没有。除此以外，A先生还有充裕的资金应对后续的资金需求，B先生则不具备良好的资金条件，现有资金只可以支撑三个月的需求。

由此可见，从创业信心与创业成功率的角度出发，A先生成功概率会更高，B先生可能会面临创业失败的风险。因此，对一个创业者来说，准备程度充分与否，将会直接影响到创业的结果。在淘汰率不低的创业环境下，创业者需要做充分的准备，并时刻反思自己的创业计划，只有不断思考、不断改进，才可能会获得预期的创业效果。

三、投资与创业，未必适合多数人

做投资，归根到底是买卖的交易行为。创业，本质上是一个慢慢积累，并由量变逐渐实现质变的过程。长期以来，投资界存在"七亏二平一盈"的说法，即多数人未能够在投资市场中赚到钱。而创业则存在"九死一生"的风险，即多数创业者最终可能会失败。

由此可见，无论是投资还是创业，都是少数人成功、多数人失败的局面。因此，当你进入投资市场或者创业市场，就要做好失败的准备。假如对自己的预期过高，对自己的真实能力过高评估，那么可能会付出沉重的代价。

虽然投资与创业的结果会很残酷，但依然有千千万万的人去尝试，认为自己是少数成功的一员。"人因为梦想而变得伟大"，如果不去尝试，就否定了自己的能力，那么比赛还没有开始已经输掉了一半，最终失败的概率也会大大提升。

既然自己选择了投资或创业的道路，那么就需要做好准备。要想成为少数的成功者，自然需要比多数人付出更多的努力、更大的代价。

四、投资创业之前需要做好哪些准备

做投资与创业，都需要提前做好充分的准备。在进入市场之前，准备工作是否充分，就显得非常重要了。

例如，在你选择做投资之前，应该提前准备好投资的品种、投资的资金以及投资的具体策略。其中，投资品种的选择，非常关键。在筛选投资品种之前，应该要对自己的风险偏好、自己的选股逻辑有一个清晰的认识。与此同时，投资者不妨参考相关投资品种的长期运行趋势，选出运行趋势长期向上的投资品种，尽可能回避长期运行趋势向下的投资品种。趋势不同，对股价的走势预期也会造成不少影响。

再者，投资资金的比例也直接影响到自己的投资资金安排。以家庭总资产为统计数据，投资股票的比例低于30%，属于低仓位投资，这个时候股票价格的大幅波动，不会对投资者的心态构成太大的冲击。假如投资股票的比例超过50%，那么这个时候，股价大幅波动对投资者心态产生明显影响。当投资股票的比例超过80%的时候，股价大幅波动将会直接影响个人的投资情绪，一旦遇到极端行情，那么可能会造成投资者情绪失控。

此外，在投资之前，投资者也需要提前做好相应的投资策略。例如，买卖点的提前判断，提前做好止盈或止损的准备等。做好了完善的投资策略，即使股价走势偏离了自己的预期，也不会对自己的投资心态构成太大的冲击。

对创业者来说，准备工作也相当重要。

例如，在创业之前，需要提前找到合适的合伙人，并提前组建好合适的创业团队。

与此同时，创业者需要提前考虑好多个资金渠道，当创业期间发生突发风险时，也会有多个应对办法，不局限于某个解决办法。对创业者来说，资金链畅通非常重要。资金链断裂可能会搞垮整个企业。

此外，创业者要对创业项目做好调研、沟通。如果对创业项目存在疑惑，创业者要及时沟通，解决疑问，不要把风险不断积累，导致最终陷入无法控制的局面。

无论是投资还是创业，都非常考验个人的综合能力以及个人的心理素质。无论多牛的人，或者是创业经验多么丰富的人，如果没有做充分的准备，都可能会陷入困境。因此，即将参与投资或创业的朋友还是需要综合考虑，全盘分析，不要盲目跟风参与，否则可能会导致得不偿失的结局。

投资与创业，都是不容易的，不要给自己制定过度乐观的预期，也不要高估了自己的实际能力。即使自己准备充分，也需要保持不断思考、不断改进的态度，这样才可以在投资或创业的道路上走得更远、更健康。

第四章
让钱滚动起来

当你开始有了投资理财的想法时,你会想尽办法赚钱。但是,有的人可以高效赚钱,用很短的时间完成其他人几十年的财富积累,有的人付出了很大的努力,却没有获得相应的回报,事倍功半。

因此,掌握高效的赚钱技巧非常重要。在实际操作中,我们可以巧用经济周期做投资,获得可观的投资回报。同时,我们也需要掌握一些无风险套利的方法,让自己的钱"滚动"起来。

第一节 如何让"钱生钱"

普通人的积累财富往往离不开赚钱、省钱、理财这三个步骤。赚钱与省钱需要形成一种长期习惯。但是，仅依靠赚钱与省钱的方式，是很难实现财务自由的。实现财务自由关键还是要做好投资理财规划，让"钱生钱"。投资理财最佳的状态，莫过于无须自己外出工作，就可以用现有的资金赚钱，相当于有一个人无偿为你打工赚钱。

如何让"钱生钱"？这并非简单的操作。在实际情况下，有不少人因错误的投资理财方式，导致自己的财富迅速缩水，资产增值未成，却把自己多年来辛苦积累的财富蒸发掉了。

因此，让"钱生钱"，关键还是需要有一套科学完善的投资理财方法。在"赚钱、省钱与理财"的背后，关键要把握好每一个步骤的操作办法。

先说说赚钱。

收入高低直接影响到财富积累的起跑线与财富积累的速度。因此，对普通人来说，要改变自己的财富命运，先从赚钱上下功夫。

如何赚钱？对普通家庭来说，工作是最主要的赚钱方式。除此以外，还包括创业、兼职等。

不论是何种赚钱方式，最重要的是净收入水平。

以工作为例，有的人每月只赚3000元，有的人每月可以赚20000元，也有的人每月可以赚10万元。同样是工作，为什么有的人赚的钱多，有的人赚的钱少呢？

一个人的赚钱能力，取决于他自身的价值。举个例子，陈先生本硕博均在名校毕业，且他的专业领域比较热门。陈先生博士毕业后可以凭借他的学历与才华，在职场中获得很强的议价能力，用人单位也愿意出重金聘请这样的人才。

刘先生只是读了普通本科，且缺乏相关领域的专长。当刘先生走出校园，他的简历很难让他获得一份很好的工作，薪酬待遇也不会很高。与陈先生相比，刘先生在职场中的竞争力并不强，相应的薪资也明显落后于陈先生。

这个事例给我们提供了一个思路，即我们要趁年轻多学习、多拼搏，积累更多的知识与经验，这也是一个人的核心竞争力。当自己的核心竞争力不断提升，自己的价值得到认可后，相应的身价也会水涨船高。

有的人的价值，并不体现在学历上，而是体现在其他领域。例如，有的人凭借自己的创作才能，在自媒体平台积累了上百万的粉丝，而且在同行业中拥有比较高的知名度。他的学历不是特别出众，但却通过自媒体渠道施展出个人的才华，这也是一种价值。有的人热爱唱歌，而且拥有大量的粉丝。他充分利用自己的特长来打造个人IP，并且与唱片公司签约，成为了一名多才多艺的网红歌手，这也是个人价值的重要体现。

因此，寻找出自己的核心竞争力，找到自己的价值所在，并充分发挥好这个价值优势，这将会是提升个人价值的关键所在。

人与人的收入差距从本质上看，就是不同的个人价值体现。不要小看一个人的单月收入差距，如果把时间周期拉长，一年之后、五年之后，这个财富差距将会显著拉开。

再说说省钱。

有人说，省钱是穷人的习惯。实际上，这个说法是错误的。不论你是普通人还是富人，财富的积累都离不开省钱的过程。很多人在省钱方式上会存在一些认知的误区。例如，过度紧缩自己的日常生活开支，并把省出来的钱花在了一些不该花的地方，没有实现资金的充分利用。

省钱并不是追求过度的节省，甚至影响到自己的基本生活状况。省钱的目的，就是让钱用在实处，而不是让钱花在没有价值的地方。把省下来的钱用在刀刃上，也是为自己未来的人生铺好路。

因此，我们需要正确认识省钱的意义，而不是过度节省、过度紧缩自己的基本生活需求，这只会降低自己的生活质量，也并未创造出真正的价值。

换一种角度思考，如果在不影响我们生活质量的基础上，在非必需领域中适度减少一点开支，那么一个月、一年下来，也会节省一笔可观的费用。假如一个月节省100元，一年可以节省1200元，我们可以把这笔钱存起来，用作"钱生钱"，创造出更多的财富。

最后说说理财。

假如你只会赚钱与省钱，那么你只可能实现资产的保值或小幅增值。在财富的积累过程中，你的资产可能处于缓慢增长的状态，慢慢变富可能是最好的结果。假如你希望可以实现资产的快速增值，那么就离不开投资理财了。

投资理财本质上是一把双刃剑。这个现象其实很容易理解。在上升趋势中，通过投资理财可以促使我们的财富快速增长。在下跌趋势中，投资理财则可能会导致我们的财富快速缩水。因为，在实际操作中，投资理财本身存在很多的未知数，一旦发生了黑天鹅风险，将会对我们的投资带来比较大的冲击。所以，投资者要用好投资理财的工具，顺势而为，而不是盲目操作，造成一些不必要的损失。

那么，对普通人来说，又该如何正确使用投资理财工具，实现真正意义上的"钱生钱"呢？

利用好投资理财工具，普通人首先要避免高杠杆工具，同时避开自己不熟悉的投资渠道。

再者，投资优质资产或者指数型基金。只要投资的对象是久经考验的优质资产或者核心市场的指数基金，那么基本上不用害怕财务陷阱或者基本面风险了。

实现"钱生钱"，需要满足一个重要前提，即敢于低位投资优质资产。同时，需要提前衡量好自己的风险偏好与风险承受能力，这些条件都是参与投资的重要前提。

投资理财并不局限于投资股票与基金。可以满足资产增值的投资渠道还有不少，例如国债逆回购、债券基金、大额存单、可转债等。上述投资品种，既没有像股票、基金那样具有比较高的投资风险，也不像活期存款、定期存款那样利息低。投资者可以根据自身的风险承受能力，建立与自己风险偏好相匹配的资产配置计划，并分批次参与投资，那么最后实现资产增值的可能性是比较大的。

不过，投资者还需要具备一定的资产配置技巧。

例如，在参与国债逆回购的投资项目中，投资者需要熟悉国债逆回购的高息时间段。一般来说，长假休息之前往往是配置国债逆回购的良好时间点，一方面可以获得偏高的利息收入，另一方面可以满足长假期间的资产保值增值需求，一举两得。除此之外，投资者还可以通过月末、季度末等时间点投资国债逆回购，在特殊时间点配置国债逆回购品种，可以为投资者带来偏高的投资回报。

投资者参与债券基金的过程中，也需要区分债基的属性。一般来说，债券基金是指把 80% 的基金资产投资到债券的基金。在众多基金资产中，债券基金的占比并不低。数据显示，截至 2022 年底，债券基金数量突破 3100 只，份额数超 7.8 万亿份，资产规模接近 8.6 万亿，约占整个公募基金市场规模的三分之一。

从债券基金的细分情况来看，债券基金可以分为纯债基金、一级债基以及二级债基。区别点在于纯债基金是单纯投资债券品种，不投资任何权益资产。一级债基只参与新股申购、定增以及可转债转股等，并不会直接投资二级市场的权益资产。至于二级债基，则会适度参与权益资产的投资，资产配置上会比较灵活。

根据投资者的风险偏好，稳健型的投资者适合纯债基金或者一级债基。风险偏好比较高的投资者，则可能适合二级债基，或者直接参与股票、股票型基金的投资。

如果投资者可以做好资产的有效配置，那么一段时间下来，也可以通过稳健的资产配置实现较好的资产增值效果。

第二节　巧用经济周期做投资

经济周期一般可以分为繁荣、衰退、萧条和复苏四个阶段。每一个阶段所对应的投资策略也有所不同。假如用错了投资策略，那么投资者就会承受比较大的投资风险。

例如，在经济处于衰退与萧条阶段，如果投资者把资金过多投资到股票身上，自然很容易会造成资产的大幅波动。在经济低迷的环境下，手持现金或者持有部分抗风险能力比较强的债券品种，可以有效提升个人的风险防御能力，避免资产大幅缩水的风险。

而在经济处于复苏阶段，手持过多现金反而不那么划算。在这个时候，在股票市场更容易获取超额的投资收益率。

因此，在经济周期的不同阶段，投资者需要采取相应的投资策略，满足不同经济周期发展阶段下的投资环境。

一、经典的经济周期现象

除了上述提到的经济周期外,还有一些经典的经济周期值得我们去了解。掌握好这些经济周期,有利于提升我们的判断能力,并进一步提升我们资产配置的有效性。

举个例子,1928年,由苏联经济学家康德拉季耶夫在《大经济循环》一书中提出的康德拉季耶夫周期,又称长波理论,周期长度达到40年至60年,主要体现在技术创新的过程。

经济周期相对短一些的有库兹涅茨周期(由美国经济学家、1971年诺贝尔经济学奖得主库兹涅茨·西蒙提出)。库兹涅茨经济周期长达15年至25年,主要反映房地产行业与建筑行业的兴衰。通过观察这一经济周期的变化,我们可以大概了解到人口的迁移变化。

相比之下,朱格拉周期(由法国经济学家朱格拉提出)的长度较短。长度为8年至10年,主要反映了设备更替、设备投资周期。通过对设备投资周期变化的观察,我们可以更好了解经济发展的景气程度。

还有一个比较常见的经济周期是基钦周期(由美国经济学家基钦提出)。一般来说,基钦周期的长度是2年至4年,主要反映库存投资周期。研究库存投资周期的变化可以帮助市场提前判断通胀变化。

经济周期理论为投资者实施资产配置提供更有效的参考依据。投资者可以巧妙利用经济周期的变化以及运行规律制订出有效的投资计划。

不过，太长的经济周期对股票投资分析的参考价值不太高。例如，中国股市诞生不足40年，运行时间还不足以覆盖掉整个康德拉季耶夫的经济周期。

二、经济周期与金融市场

以国内房地产市场为例，自21世纪初走出了一轮房地产长周期牛市后，近几年房地产市场开始逐渐疲软，房地产增值潜力开始减弱。从21世纪初发展到现在，房地产行业已经经历了20年左右的黄金期，也基本上经历了一轮库兹涅茨经济周期。按照库兹涅茨15年至25年的经济周期的运行规律，房地产行业很可能会面临经济周期的考验，国内房地产行业自然离不开优胜劣汰的洗牌过程。

目前已有不少房企因资金链问题、风险管理等问题发生了经营困境。归根到底，任何行业最终离不开经济周期的影响，只是周期属性的强弱反映出某家企业、某个行业的抗风险能力。面对经济周期的考验，最终还是比拼企业的抗风险能力以及资金链管理水平，谁的综合能力更强，谁更容易熬过这一轮经济周期的考验。全球金融市场有一个时间魔咒，即每隔8年或10年的时间（朱格拉经济周期），全球金融市场都可能会上演一轮波动剧烈的行情。

举个例子，2008年全球陷入金融危机，当年全球股市大幅调整。但是，在随后的时间里，全球主要市场却走出了一轮大牛市行情。例如，美股纳斯达克从 2008 年低点上涨以来，累计涨幅惊人，不少头部科技上市公司，出现了 10 倍以上的累计涨幅。

危机背后，往往意味着机会的到来。危机越大，有可能暗示着潜在的投资机会越大。如果投资者有效利用朱格拉周期的规律，在极端低点附近买入股票，有可能获得非常可观的投资收益。

三、如何利用经济周期规律做投资

利用经济周期的规律做投资可以参考两方面。一方面是经济周期的时间规律，另一方面是市场情绪。

过去三十年，每逢"8"的年份，金融市场可能会出现一轮剧烈波动的走势。例如，1998 年亚洲金融风暴、2008 年全球金融海啸、2018 年局部金融市场剧烈波动等。但凡是"8"的年份，金融市场都遭遇剧烈波动。

有的人看到的是恐慌，有的人却看到了重要的投资机会。对 B 先生而言，每逢"8"的年份，机遇总比风险多。

临近 2018 年，B 先生开始筹集资金，并计划在市场最低迷的时候抄底。从 2017 年开始，B 先生筹集资金，等待抄底信号。2018 年下半年，A 股市场先后失守 3000 点、2900 点和 2800 点，在市场开始产生出恐慌情绪的时候，B先生认为抄底的机会来了。于是，B先生动用手中三分之一的资金抄底，并等待市场更恐慌的时刻再投入剩下的三分之二资金。随着A股市场失守2600点，B先生果断把剩下的三分之二资金全部买入股票。最后，A股市场跌到2440点才见底反弹。

虽然B先生并未买到最低点，但B先生还是买在了底部位置。随着股票市场的持续回暖，A股市场成功收复3000点的关口，并一路震荡上行。B先生最终在两年时间内获得了30%的投资利润。

B先生观察了周期规律，并利用市场的悲观投资情绪，获得了一笔情绪修复与周期修复的投资利润。因此，在投资之前，投资者需要充分了解个人的风险承受能力以及个人对周期规律的熟悉程度，在自己可控的范围内进行投资，这样才可以尽可能提升投资的准确率。

四、周期本质上是把双刃剑

万事万物基本上离不开周期属性。不过，有的行业周期性比较强，而有的比较弱。在全球范围内，曾经有许多伟大企业诞生，这些企业也深受周期的影响，只是随着经营管理能力不断成熟，这些企业早已掌握应对周期考验的方法，并尽可能把周期影响降低，促使企业由强周期属性变成弱周期属性。

弱周期属性，意味着企业抗周期、抗风险能力比较强。经济周期、产业周期下行对企业的影响比较有限。

企业由强周期属性变成弱周期属性,需要经历漫长的努力,并一步步把品牌价值提升上去。在此过程中,必然会经历一个洗牌的过程。换言之,有实力的企业有机会生存下来并更加壮大,欠缺实力的企业则可能会在一轮洗牌过程中被淘汰。

聪明的人善于把握机会,善于找出各种各样的周期规律,并在机会到来之际,大举买入,坐享财富增值的成果。不过,在实际情况下,并不是所有人可以准确抓住周期的规律。所以,面对各种周期的考验,投资者还是需要理性看待,不要总想着买到周期的最低点,即使是颇具投资经验的投资大师,也难以保证可以买到最低点。对投资者来说,应该要巧妙利用好周期的规律,通过周期规律把握投资的机会,为自己财富增长创造出有利的条件。但是,在利用周期抄底的过程中,尽量不要加杠杆投资,不要借钱投资,因为谁也不知道周期最低点在哪里,一旦提前抄底或者判断错误了,那么将会面临比较大的投资损失。

第三节　无风险套利方法有哪些

虽然零风险、高回报的投资项目不存在，但无风险套利的方式还是存在的。相比之下，无风险套利更注重将风险控制到接近于零。至于投资收益，并非所谓的高收益，而是更强调资产保值或者资产小幅增值。

那么，在当前的市场环境下，到底存在哪些无风险套利的方法呢？

第一种，可转债申购。

近年来，可转债被称为无风险套利方式，究其原因，主要是投资者投入的本金很少，且可以获得可观的投资回报。对参与者来说，只要持有证券账户，且满足相关的权限资格，即可申购可转债。

在国内资本市场中，可转债上市后首日破发的概率非常低。近年来，可转债上市首日基本均出现可观的上涨，为申购中签者带来了不错的投资收益。

随着可转债申购门槛的提升，还未开通可转债权限的投资者需要满足一定的条件才可以参与可转债交易。例如，在资金要求上，投资者开通权限前 20 个交易日证券账户及资金账户内的日均资产不低于 10 万元人民币。投资者需要年满 18 周岁，开通证券账户，并且参与证券交易 24 个月以上。只有满足上述条件的投资者，才可以开通可转债交易的权限，并参与可转债的申购。

需要注意的是，申购可转债并不意味着完全没有风险。决定可转债上市首日表现的因素，首先与同期可转债的供需状态有关。如果同期可转债品种大幅扩容，那么在存量资金博弈的环境下，容易降低可转债上市首日的溢价空间。其次与可转债的发行规模、可转债的质地水平有关。如果该可转债发行规模比较大，且可转债的评级偏低，那么可能存在破发的风险。

第二种，利用交易型开放式指数基金（ETF）的价差套利。

ETF 存在两种价格，一种是一级市场的申赎价格，另一种是二级市场的买卖价格。当这两种价格存在较大的价差时，就会给投资者提供一个良好的套利机会。与普通股票相比，ETF 不征印花税，且整体交易成本比较低，所以很适合资金量大的投资者参与。

在实际操作中，我们需要时刻留意 ETF 的价差空间，但投资者进行价差套利的时候，应该要把交易成本考虑进去，防止做了无用功。

例如，当 ETF 在二级市场的价格明显高于净值时，那么将会产生出溢价套利的机会。在这个时候，投资者可以买入一篮子股票，并通过一篮子股票申购 ETF 份额，并在二级市场中卖出 ETF 实现套利。

ETF 套利是否成功，主要取决于溢价空间是否足够大，是否完全覆盖所有的交易成本。

第三种，巧妙利用国债逆回购工具。

国债逆回购本质上是一种短期贷款。从投资安全性的角度出发，比较适合保守型与稳健型的投资者参与。因为，借款人用国债作抵押到期还本付息，所以基本上不存在信用违约等问题，还能给投资者带来稳定的投资收益。

一般来说，在平日的交易时间段内，国债逆回购的利率比较低。但是，遇到重要的节假日，国债逆回购通常会出现较高的收益率，有时候是平时收益率的数倍乃至十多倍。

简单来说，国债逆回购的收益率高低，与市场资金面松紧关系密切。如果市场资金面比较紧张，那么国债逆回购的收益率比较高。资金面越紧张，相应的收益率也会水涨船高。

投资者投资国债逆回购，需要关注几个因素：一是品种选择。一般来说，国债逆回购有 1 天期、2 天期、3 天期等期限可供选择，不同回购品种所对应的收益率有所不同。二是实际占用天数。根据国债逆回购的新规，从 2017 年 5 月起，国债逆回购的计息方式由原来的名义天数调整为实际占用天数。因此，投资者在选择国债逆回购的时候，应留意自己所选回购品种的实际占用天数。不同的实际占用天数会对收益率构成不同的影响。三是时间成本。有的投资者看到1天期的逆回购利率较高，把大部分资金用来参与国债逆回购。不过，在实际操作中，不少投资者忽略了投资逆回购的时间成本因素。例如，某投资者在周四参与1天期的国债逆回购，按照正常流程，周五资金可用，但不可取。需要等到下周一才可以取出资金。假如投资者遇到急事处理，就比较被动了。所以，投资者在参与国债逆回购的时候，应留意时间成本，做好应急资金的准备。投资者可以在重要节假日、月末和年末的时间点之前，根据国债逆回购的收益率水平提前参与，获得节假期间较高的逆回购收益率，更好盘活自己的闲置资产，实现节假期间资产的稳健保值。从投资安全性、流动性与收益的角度出发，这也是比较可靠的无风险套利方法。

第四种，新股申购。

多年来，A股市场常有新股不败的说法。简单来说，申购新股，大概率会给投资者带来可观的投资收益，过去申购新股发生亏损的概率很低。

随着注册制的全面铺开，新股市场大幅扩容，新股市场上存在着明显的供过于求现象。受此影响，投资者的打新难度明显提升。

不过，这并非意味着新股的无风险套利机会已经不存在了。从这几年新股市场的变化来看，套利机会还是存在的。

在 A 股市场中，市场对低价新股依然是非常友好的。其中，10 元以下的新股基本上没有破发的风险。但是，申购成功的难度比较大，整体而言，新股中签率依然比较低。

知名企业，尤其是拥有"绿鞋机制"❶护盘的企业，破发的概率不大。假如该新股的发行估值比较低，且低于同行业的平均估值水平，那么申购的价值会明显提升。

在市场环境比较活跃且具有持续赚钱效应的背景下，新股的投资风险会明显下降，新股上市首日破发概率不高。一般来说，投资者可以参考同期发行上市的新股首日表现，如果同期市场没有出现破发的现象，那么新股上市首日上涨的概率比较高。

第五种，利用可转债转股规则进行套利。

当可转债开始进入转股期，如果这个时候可转债价格相对可转债的正股存在折价的空间，且折价空间比较大，投资者可以利用这个折价空间套利。投资者可以逢低抄底可转债并进行转股操作，以获得套利机会。

但是，在这个套利过程中，投资者需要注意交易的成本，包括卖出正股的时间成本、操作过程中的手续费等。假如折价空间不足以覆盖上述成本，那么这笔套利交易并未给投资者带来实实在在的收益。

---

❶ 绿鞋机制，也叫超额配售选择权。首次公开发行股票数量在4亿股以上的，发行人及其主承销商可以在发行方案中采用超额配售选择权。该机制可以稳定大盘股上市后的股价走势，防止股价大起大落。

这种无风险套利方法比较考验投资者的交易操作水平以及对投资时机的把握能力。

第六种，利用面值退市的规则套利。

相对于上述几种策略，这种投资策略的风险相对较大。按照A股市场面值退市的规则，上市公司连续20个交易日收盘价格跌破每股面值，那么将面临退市的风险。上市公司为了稳住局面，必须采取维护股票价格的措施。在这个时候，投资者会有一定的套利机会。

不过，并非所有股价跌破面值的上市公司都值得抄底。国企或者是知名企业都可能会有护盘的需求，维护上市地位对它们而言非常重要。

第七种，在信用评级健康的前提下，抄底跌破面值的可转债套利。

可转债本身具备股性与债性的特征。一般来说，如果可转债的信用评级良好，或者达到A级以上的水平。那么，该可转债的偿债能力比较好，发生兑付困难的可能性不大。

因此，信用评级在A级以上的可转债如果发生跌破面值的走势，且低于面值的空间越大，无风险套利的利润更高。如果投资者计划持有可转债至结束期，还可以算上该可转债的每年利率与到期赎回价格，预期的投资回报率更高。

上述提到的七种无风险套利方法，可以作为投资理财的参考。但是，无风险套利并非说明投资理财完全无风险。但作为接近无风险的理财方式，投资者对投资回报不能抱有太高的预期。但一年之中，如果可以抓住几次无风险套利机会，那么一年下来的投资回报率也是比较可观的。

第四节　如何锻炼出成熟的投资心态

无论是创业还是投资，影响最终结果的因素有很多。不过，从最主要的影响因素是投资心态。心态的好坏直接影响到一个人的成败。

举个例子：A先生大学毕业后选择创业，他向家里借了100万元启动资金。本来他的创业项目有可观的发展前景，但A先生的性格比较急躁，总希望快点看到成果，快点提高销售量。殊不知，创业不能太着急，好的项目也需要耐心等待收获期。最后，A先生投入了大量资金创业，因迟迟看不到理想的结果，最后半途而废，资金不仅收不回来，还耗费了大量的人力物力。

再举一个例子：B先生是一位股民，他对某家上市公司的研究非常深入。按照B先生对这家上市公司的理解程度，应该可以取得比较高的投资回报。遗憾的是，B先生的投资心态非常浮躁，本来是研究很久的成果，但到了实际操作，B先生的操作却一塌糊涂。

按照原本的计划，这家上市公司的合理价格是每股 5 元，B 先生应该是在每股 5 元以下的价格开始定投，然后等到推算的价格卖出。若严格按照这一规律操作，那么 B 先生获利的概率是非常高的。但是，B 先生并未等到每股 5 元的价格参与投资，而是选择在每股 8 元的价格开始投资。时隔几个月，该股票的价格跌至每股 5 元，本来是 B 先生推算好的合理参与价格。但是，在这个时候，B 先生因买入的价位太高，不仅没有赚到钱，还倒赔了本金。

由此可见，无论是创业还是投资，心态很重要。稍有不慎，可能会偏离自己原来的投资计划，并造成不小的投资损失。

如何锻炼出成熟的投资心态？听起来简单，但做起来并不轻松。

第一步，需要拥有持之以恒的毅力。

在投资理财上，我们需要严格做好理财规划，包括每月固定存入多少钱，家庭可支配收入分配到高风险投资渠道的资金比例是多少等。在执行上述操作时，需要制定出严格的铁律，不应该任性改变自己原有计划。但是，做到这一点并不容易，能长期坚持下来的人更是少之又少。

笔者有两位朋友，一位是陈先生，另一位是宋先生，他们毕业后的薪酬相差不大。但是，在投资理财计划中，两人却有着不一样的认知。

陈先生是一家企业的主管，月入 1.5 万元。陈先生的太太是一家公司的普通职员，月入约 5000 元。也就是说，陈先生夫妇的合计月收入有 2

万元。夫妻俩的开支比较高。扣除日常基本生活开支之外，他们还经常去旅游，添置新衣服等。扣除每月的开支后，他们每月可以存的资金不到2000元。

在投资理财上，陈先生比较保守，倾向于把钱存银行定期。按照每月存2000元计算，如果不计算利息，陈先生一家每年可存24000元。五年后，他们可以存12万元。

宋先生是一位会计师，月收入2万元。宋先生还没有结婚，平时生活比较节俭。在扣除每月的基本生活开支费用后，宋先生每月可以存1.5万元。一年下来，如果不计算利息，宋先生每年可以存18万元。五年之后，宋先生可以存90万元。

除了坚持存钱的习惯外，宋先生还采取比较稳健的投资理财策略。他把50%的资金存银行定期，再把30%的资金存入银行理财或者货币基金，把10%的资金投资股市或基金，最后的10%投向保险。

按照宋先生的理财规划，每年预计有5%左右的投资收益率，如果这个理财收益率水平可以保持，那么五年后的今天，宋先生的个人账户早已超过百万了。

陈先生与宋先生的家庭月收入同样是2万元，为何在五年时间里，他们之间的财富差距会大幅拉开呢？归根到底，还是因为他们平时的存钱习惯以及他们的投资理财风格。

每月比别人多存入 5000 元，几年之后你会获得一笔丰厚的资金。每年比别人多赚 1% 的利息，几年之后，通过投资复利率，你可以赚得一笔可观的投资理财收益。由此可见，保持良好的存钱习惯以及做好合理的投资理财计划多么重要。实现上述的目标，还需要拥有持之以恒的毅力。

第二步，不断学习，做到与时俱进。

要锻炼出成熟的投资心态，只有持之以恒的毅力，还是远远不够的。你还需要不断学习，增加自己的知识储备，这样才可以应对各种各样的考验。与此同时，有效的学习可以让你建立起科学完善的知识体系。这些准备工作都是为你的成熟投资心态打下坚实的基础。

股神巴菲特、查理·芒格先生（2023 年 11 月 28 日逝世，享年 99 岁）能成为投资大师，与他们的知识储备、投资经验积累密不可分。因此，锻炼出成熟的投资心态，还是需要保持不断学习的习惯。只有不断丰富自己的知识体系、不断扩展自己的知识储备，这样才能看透市场波动的玄机。

第三步，做好短中长期的投资规划。

几乎所有的投资大师，都经历过小资金积攒到大资金的过程。不要小看自己平时的积累，坚持多年之后，你会惊奇地发现，这是一笔可观的财富。

随着你的资金越来越多，你应该提前制定短中长期投资规划。你可以给自己设定一个短期实现的财富目标。规划中期投资时，你可以把投资回报预期提高，并规划好实现这个中期财富目标所需要的投资时间。长期投资规划可以把眼光放远一些，正所谓"放长线钓大鱼"，看好某一个优质资产，追求更高的投资回报率。

第四步，做好长期跟踪研究一批优质资产的准备。

成熟的投资者要做好长期跟踪研究一批优质资产的准备。只有长期跟踪、研究它们才可以全面深入了解这些企业的发展动向，更客观地分析它们潜在的投资价值。

优质资产应该具备四个特征：第一个特征，企业具备持续经营的能力，而且企业经历了两轮及以上经济周期和产业周期的考验，具备了一定的抗风险、抗周期能力。第二个特征，企业拥有比较高的品牌价值与品牌认同感，且这种品牌价值呈现出长期稳健抬升的趋势，市场对企业品牌的认可度不断提升。第三个特征，长期保持行业龙头地位，而且产品具有较强的竞争力，不会被轻易赶超或者取代。第四个特征，企业长期投入研发，研发占比一直保持稳定水平。同时，企业非常注重股东回报，通过股息分红或者股份回购注销等方式回馈给股东。最重要的是，企业自上市以来，累计分红金额超过再融资金额，用真金白银给股东们带来回报。

符合上述特征的企业基本上具备优质资产的条件。除此以外，还需要有一个合理的价格，从而提升投资的性价比。

投资优质资产切勿心急。买入时需要耐心等待合理的价格，卖出时也需要特别耐心。一般来说，优质资产适合长期持有，很多时候投资者以为自己卖出了高价，殊不知最后需要用更高的价格去买回这个优质资产，得不偿失。

因此，投资者不妨储备一批优质资产，并跟踪这些优质资产的价格波动，当遇到好的价格时，应该分批买入，并长期持有。总结起来，即买入时要耐心等待好的买点，卖出时不要心急，也不要太在意短期价格波动，应该要用长期的眼光投资优质资产。

第五步，利用分红再投资，提升资金利用率。

持有白马股和蓝筹股的投资者，他们很可能会获得稳定的股息分红。实际上，上市公司长期实施股息分红的策略，一方面有利于提升股东的回报，降低股东抛售股份的意愿；另一方面是可以体现上市公司的财务实力与现金流水平。一般来说，拥有持续稳健的现金分红能力的上市公司，财报造假的概率非常低。

分红再投资的好处体现在提升资金的利用率。股息红利资金用于投资其他优质资产，投资者可以实现资产的多元化配置。

很多长线投资者通过多年来的股息分红，他们的持股成本已经很低，有的甚至处于负成本的状态。因此，他们要么选择将分红再投资，不断提升持股的股数；要么把这部分资金用来改善生活。

真正可以把持股成本做到负数的投资者，本身具备比较成熟的投资心态。短线投资者可能对分红不太关注。但是，对长线投资者而言，上市公司有持续的现金分红能力将直接影响投资者的持股信心。投资者如果没有足够强大的投资耐心，没有成熟的投资心态，很难了解长期持股的乐趣。

锻炼出成熟的投资心态并不容易。普通人培养出成熟的投资心态，不仅需要在资本市场中长期锻炼，还需要不断调整自己的投资心态。投资心态的成熟离不开个人投资嗅觉、个人投资耐心以及个人判断优质资产的能力。当你拥有了成熟的投资心态后，自己的投资价值观也会发生明显的变化，无论是自己的投资生涯还是生活中的方方面面都会受益。

第五章
如何守住财富

当你完成了某一阶段的财富积累时，守住财富很重要。投资理财本身存在一定的风险，稍有不慎，可能会造成财富快速缩水。

本章将具体探讨如何守住财富，同时也会重点分析，当我们的财富增长之后，未来又该怎么办？相信读完本章内容之后，你会有新的收获。

第一节　如何守住自己的财富

从零到一百万的资金积累是一个漫长的过程。有的人比较幸运，到了而立之年，可以赚到自己人生中第一个百万。有的人比较辛苦，经过多年的拼搏，好不容易才赚到属于自己的一百万。但是，这个时候，自己已经年近半百了。其实，虽说现在拥有一百万资金并不算富豪，也未必可以在一线城市买得起房子，但真正拥有百万资金的人依然是少数。

当你拥有了百万资金之后，这只是开始，这时，守财比赚钱更艰难。所以，在这一节中，我们一起来探讨，应该如何守住自己的财富。

一、为什么守财比赚钱更艰难？

对普通工薪族来说，赚钱需要努力与毅力，找到一份好工作，并坚持下去，那么自己的财富也会随之增加。

但是，当你拥有了一笔可观的财富之后，你需要考虑如何守住这笔财富，并实现有效的资产保值增值。不过，实现资产保值增值并没有想象的那么轻松。

首先，你需要考虑真实通胀率的水平。假如你只把钱存放到银行的活期账户，那么大概率要跑输同期的真实通胀率水平。如果你把钱存放到定期或者购买储蓄国债，你还需要考虑资金流动性的因素，万一遇到紧急情况，你要能够及时取出资金。

其次，你需要考虑到投资渠道的合法合规性，以及资金的具体投资去向。例如，某一投资项目承诺高收益并且保本保息。那么，投资者就需要考虑到该投资项目的安全性问题。

一般来说，高收益与高风险并存。如果某些投资项目宣称零风险、低风险获取高额的投资收益，投资者要持怀疑心态。在实际情况下，我们投资股票和基金，有可能会为我们带来一些可观的投资收益。但是，在这高收益率的背后是高风险，甚至会出现损失一定本金的情况。只有投资者拥有足够的风险承受能力，才能把钱投向股票、基金等渠道之中。

此外，投资者还需要时刻关注市场环境的变化情况。例如，如果股票市场走出了极端的行情，这个时候你需要做好仓位调整的策略，以应对不断变化的市场环境。

我们在制定自己投资策略的时候，应该采取动态而不是静态的调整措施。所以，投资者需要对整个投资环境以及市场环境有一个清晰的认识，并制订出适合自己的投资方案。

二、守住财富的两个方法

守住自己的财富有两个方法：第一个方法是依靠自己有的专业资产配置能力，及时发现风险并处理突发事件。第二个方法是委托专业团队为自己守好财富。

达到第一个方法所需能力的人并不多。因为，在现实中，多数人不具备专业的投资理财能力。一年做到4%的投资收益率，可以跑赢同期多数的银行理财产品。一年做到6%的投资收益率，基本上可以跑赢同期绝大多数的投资产品。投资者如果一年可以做到10%以上的投资收益率，那么基本上属于投资高手。

有着"股神"称号的巴菲特，一年可以做到20%左右的投资收益率，绝对是相当了不起的投资回报。巴菲特的厉害之处并不是某一年实现20%的投资收益率，而是在过去五十多年的时间里保持20%左右的平均收益率，这也是专业团队的力量。普通投资者可以长期实现5%至10%的投资收益率，已经是很不错的成绩。

那么，如何判断某家基金产品或者某个专业团队是否具备长期投资能力，投资者需要从多个维度进行分析。

首先，投资者可以观察基金产品成立的时间，以及同期市场指数的走势，分析该基金产品是否吃了前期大牛市的行情红利，而掩盖其真实水平。

其次，基金经理变更频率。假如该基金经理频繁变更，那么需要警惕该基金的投资风格频繁变化，这容易造成基金净值的大幅波动。如果基金经理变更频率很低，且在任基金经理长期管理某一基金产品，那么将会提升该基金产品的净值稳定性。

此外，投资者可以观察该基金产品的资产组合是否频繁变更，从资产组合的构成也可以看出该基金经理的投资风格与风险偏好。退一步思考，如果该基金只是完全复制某一核心市场指数的表现，并没有为投资者创造出超额收益率，那么该基金产品的投资性价比并不高。

因此，选择靠谱的专业理财团队并不容易。而靠谱的专业理财团队可以让自己少走很多弯路。

在实际操作中，我们可以把自己的财富划分为两份，一份由自己掌控，另一份则交给专业团队管理。

如果自己在投资理财领域的专业性不强，那么可以减少自己掌控的资产比例，并适度增加专业团队管理的资产比重。反之，则增加自己掌管的资产比重，降低专业团队管理的资产比例。

三、"守"意味着更注重长期考验

守住财富，最直接的表现是防止自己辛苦积累的财富发生大幅缩水的风险，并非为了一味追求资产快速增值。投资者通过合理科学的资产配置方式，让个人财富实现稳健增值，达到资产配置的最佳效果。

市场行情变幻无常，市场利率也有时高时低的波动风险。守住财富，并不仅仅观察一两年时间的资产保值增值效果，而是要看长远的资产保值增值能力。只观察基金经理短期的管理数据，很难知晓其真实水平。如果只有一两年时间取得投资佳绩，那么并不说明你的投资能力有多强，可能只是乘了市场上涨的东风，获得了阶段性的超额收益率。真正衡量一个人或者一个团队的投资能力，还是要看他五年乃至十年以上的投资能力，特别是在极端市场环境下的风险管理能力。因此，短期投资水平并不能够说明你的实力。换一种角度分析，如果你可以抵御多个经济周期或者产业周期的波动风险，那么你的资产配置能力基本上过关了，即使以后遇到更多的波动风险，也不会对你守住财富的策略构成太大的影响。我们不妨把观察周期拉长，甚至从基金经理开始接手的时候开始分析，这样的分析数据可能更具有参考的价值。

第二节　财富增长后该怎么办

缺钱的人总希望有钱，有钱的人总希望资产增值。当我们的财富实现增长之后，我们又该怎么办呢？

首先，我们需要了解一件事情，即当我们的财富达到多少金额，才开始考虑稳住财富呢？

有人说，当我们达到财务自由之后，才去考虑稳住自己的财富问题。但是也有人说，我们应该边赚钱边稳住自己的财富，并没有一个明确的金额限制。

正所谓公说公有理婆说婆有理，不同的家庭肯定会采取不一样的理财方式。但是，他们都有一个共同的目标，那就是实现财富的持续增值，不断提升生活质量。

我们会发现一个规律，当积累的财富越来越多的时候，财富增长的速度也会越快。与此同时，若投资不慎，也可能会造成比较大的投资损失。因此，当我们的财富达到某一个规模级别的时候，应该做好几个准备。

第一个准备，剔除日常生活开支之后，了解个人或家庭的每月可支配收入有多少。

可支配收入高低，直接影响着接下来的投资或消费计划。一个精明的人需要做好记账的工作，随时了解自己及家庭的财富变化情况。

举个例子，A 家庭的每月可支配收入为 5000 元，且 A 家庭的收入正处于成长期，因为每月收入稳中有升，他们可以利用收入增长的时间段做一些积极的投资，完成家庭财富的快速增长。

B 家庭每月可支配收入 20000 元，但 B 家庭主要家庭成员已经年逾 50 岁，事业刚刚从高峰滑落。不过，与 A 家庭相比，B 家庭已经积累了一笔家庭财富，并希望通过资产配置获得一笔额外的收入。

针对 B 家庭的情况，他们比较适合配置一些稳健的投资品种。因为，与 A 家庭相比，B 家庭已经过了事业的黄金发展期，并开始从事业高峰逐渐滑落，未来的收入预期具有一定的不确定性。假如这个时候 B 家庭采取积极的资产配置策略，一旦投资市场发生了一些未知风险，那么很可能会导致 B 家庭财富快速缩水。对 B 家庭来说，好不容易积累的财富，若重新积累，恐怕需要付出更大的努力与更漫长的时间了。由此可见，B 家庭更适合稳健的资产配置方案，这个时候激进投资的风险比较大了。

C 家庭的主要家庭成员已经处于退休阶段，他们每月的收入来源是退休金，夫妻俩的退休金加起来有 10000 元。不过，与 A 家庭和 B 家庭相比，C 家庭经过了长期的财富积累，目前已经拥有一笔非常可观的储蓄资金。对 C 家庭来说，考虑到他们的年龄因素，同时考虑到他们的储蓄资金不少，C 家庭更适合保守型的投资品种。

针对上述三个家庭的情况，A 家庭适合积极型的投资方式，满足资产快速增值的需求。B 家庭适合稳健型的投资方式，满足家庭资产的稳健增值。至于 C 家庭，更适合保守型的投资方式，投资目标是实现资产保值或者资产的小幅增值。

第二个准备，了解自己的实际需求，不同的人生阶段目标不同。

同样以上述 ABC 家庭为例，对 A 家庭来说，当前他们的主要任务是赚钱。趁着自己处于事业上升期，抓紧时间积累自己的财富储蓄，同时做一些积极靠谱的投资，满足年轻时期的投资欲望。退一步说，即使 A 家庭发生了投资亏损的风险，但他们也可以依靠处于事业上升期的收入填补自己的亏损，年轻阶段的试错机会有很多。

对 B 家庭来说，随着他们的年龄增长，已经过了事业上升阶段。收入水平可能会随着他们的年龄增长而下降。B 家庭当前的主要任务是求稳。具体表现为守住自己多年来积累的财富，稳定住自己的工作与收入，实现稳中有升的发展目标。

C 家庭已经过了事业奋斗时间点，进入安享晚年的阶段。他们的主要任务是利用自己的储蓄资金与退休金安享晚年，提升自己的晚年生活质量。因此，他们需要保障这笔储蓄资金的安全性，不追求资产的快速增值或稳健增值，只追求资产的小幅增值或者资产保值目标。

第三个准备，寻找最符合自己投资需求的资产配置方案。

资产配置其实非常考验投资者的综合能力。不同年龄、不同经济条件以及不同风险偏好的人，都需要有符合自己投资需求的资产配置方案。

以 A 家庭为例，他们正处于事业上升期，对他们来说，拥有较多的试错机会，在投资品种的选择上，可以增加股票、基金的配置比例。在实际操作中，股票市场属于高风险与高收益并存的投资渠道，对愿意承受较高风险的投资者来说，是比较合适的。A 家庭还可以通过国债逆回购、货币基金等投资渠道为自己的闲置资金进行理财保值。当家庭有紧急资金需求的时候，短期闲置资金可以迅速派上用场。

B 家庭的投资目标是追求资产的稳健增值。稳健型投资者不适合配置过多高风险的投资品种。所以，B 家庭可以配置银行理财、大额存单、债基、可转债基金、FOF 基金、REITs 等投资产品。虽然这些投资渠道存在一定的投资风险，但相比起股市，这类投资品种的投资风险相对可控，合理配置可以满足 B 家庭资产稳健增值的需求。

C 家庭主要家庭成员年龄比较大，所以更适合偏保守的投资渠道，因为对他们来说，实现资产保值或者小幅增值，也是比较理想的资产配置结果了。

目前，保守型投资品种包括储蓄国债、大额存单、定期存单、货币基金、国债逆回购等。不过，对老年人来说，除了安全性与收益率外，还需要注重资金的流动性。因为，如果身体健康状况发生变化，就医急需用钱，这个时候就非常考验资金周转能力了。

储蓄国债、大额存单的流动性较差，只适合闲置资金的长期配置。定期存款提前取出，将会损失利息收入。国债逆回购操作难度比较大，对老年人来说，入手可能还会比较吃力。至于货币基金，流动性不错，但也未必可以做到实时取出来使用。因此，从安全的角度出发，老年人还是需要放一部分应急资金到银行做活期存款。

C 家庭不妨采取分散配置的策略。例如，C 家庭可把资产分为四份，分别设置为长期闲置资金、中期闲置资金、短期闲置资金以及应急资金等。

一般来说，长期闲置资金的投资周期为 3 年以上，以 3 年至 5 年的投资周期为主。在整个配置方案中，四成资金可以配置长期闲置资金，以提升整体的投资收益率水平。长期闲置资金可以投向储蓄国债、大额存单，这类投资品种的投资周期比较长，且投资收益率相对高一些。

中期闲置资金的投资周期一般为 1 年至 3 年，这类投资品种可以选择定期存款、银行理财或者债基等。定期存款的安全性最高，投资者可以按照1年至3年的定存时间进行资产配置，满足不同时期的资产配置需求。中期可以配置三成闲置资金，满足中期资产保值的需求。

短期闲置资金主要考虑投资周期一年以内的投资品种，包括货币基金、国债逆回购、结构性存款等。短期投资主要考虑资金流动性的需求，在此基础上提升投资收益。短期可以配置两成以上资金，主要满足投资者的短期流动性需求。

最后，应急资金主要满足资金随时使用的需求。因此，建议C家庭拿出5%左右的资金作为应急资金，当遇到突发情况，这部分应急资金可以满足投资者的应急使用，同时也避免提前赎回其他资产损失利息。

第四个准备，保持平稳的心态，耐心收获资产增值的成果。

有投资理财的详细计划是投资理财的第一步。第二步，也是最重要的，即按照计划执行投资理财方案，然后耐心等待和收获资产增值的成果。对大多数理财者来说，第一步往往执行得很好，但他们很可能输在了第二步，而且是输在了自己的投资心态。

当个人财富明显增长之后，最需要的是培养自己的投资理财心态。

有的人，每一天都在思考自己的投资计划，并频繁修改自己的计划，最终因想法太多而计划失败。有的人，拥有一个成熟的投资心态，即使每天的资产总额发生波动，他依然保持平稳的投资心态。

当你的投资心态保持平稳的水平，再按照自己制订的投资理财计划操作，一步一个脚印，最终会见证自己的财富逐渐增长，实现当初制订投资理财计划的收益目标。

第三节 用经营企业的心态做投资

著名投资大师巴菲特曾经说过一句话，"如果你没有持有一家公司股票十年以上的计划，那么就不要持有它十分钟，根本不要买它。"细细品味巴菲特这句话，还是非常有道理的。投资者用经营企业的心态去做投资，用十年以上的眼光去看待企业的发展，耐心等待投资的收获期，这样往往会有意想不到的收获。

短线投资者，追求的是快进快出，通过短线投资获得投资收益。中线投资者，追求的是稳健的投资回报预期，但他们可能更倾向于股票的价差收益，并非看中上市公司的股息分红。长线投资者，主要通过长线投资获取投资收益，这类型投资者的投资目标，一个是股息分红，另一个是资产价格上涨的投资收益，通过长线投资实现预期的投资目标。

一般来说，短线投资者更关注技术面的因素，他们利用技术分析判断股价的涨跌，并利用股价涨跌规律获利。但是，这种投资行为本身存在较大的投资风险，稍有不慎可能会发生较大的投资损失。与此同时，这类投资者对基本面的重视程度不及技术面，当上市公司发生黑天鹅事件时，往往会给投资者带来不可预估的风险。

中线投资者，既关心上市公司的基本面，也关注上市公司的技术面情况。这类投资者的投资风格比较稳健，他们在了解上市公司的基本面状况之后，再通过技术分析提升判断的准确率，通过中线投资实现预期的投资目标。

长线投资者对上市公司基本面的重视程度高于技术面，并更注重上市公司的盈利成长能力以及股息分红的持续性。他们可能更偏爱优质白马股、优质蓝筹股，通过长时间的投入，逐渐实现自己的长线投资目标。

用经营企业的心态做投资，主要针对长线投资者和中线投资者。不过，用经营企业的心态做投资，并不是盲目长线投资，而是以企业管理者的角度去分析企业，观察企业的发展前景，再进行长线投资。

如何判断一家企业是否值得长线投资呢？

第一，该上市公司是否具有持续稳健经营的能力，是否有十年以上的存续期。

持续稳健的经营能力，是判断一家企业经营状况、管理能力以及股权结构完善与否的重要因素。拥有十年以上的存续期意味着企业具备抵御经济周期、产业周期的能力。在经济上行的周期中，很多问题容易被隐藏，不会被轻易暴露。但是，在经济处于下行的周期过程中，过去被隐藏的问题也会逐渐暴露，这个时候更考验一家企业的风险管理能力以及危机应对水平。所以，观察一家企业的真实经营状况，不光看它在顺周期内的经营表现，更要看它在逆周期下的表现。

第二，观察上市公司过去是否存在"黑历史"，判断企业的品牌口碑与综合管理能力。

上市本身是一把双刃剑。对企业来说，上市可以把企业做大做强，提升企业的知名度与影响力。但是，当企业上市之后，它的财务数据、企业信息将会被公开，也需要对股东负责。

观察一家上市公司是否存在"黑历史"，不妨看看该上市公司的公开信息以及媒体的公开报道。例如，观察该公司自上市以来，是否存在证监会立案调查的情况。在证监会立案调查结束之后，是否出具过行政处罚书等。该上市公司的控股股东、实控人或者董监高等，是否曾经有过被公开处罚、计入诚信档案等行为，是否被列入市场禁入的名单等。如果一家上市公司或者其重要的管理人员存在过"黑历史"，那么将会是一项减分项。

第三，观察上市公司的财务状况是否健康。

判断一家上市公司的财务状况是否健康，一方面可以观察上市公司历年来累计分红金额是否远高于再融资的规模。如果一家上市公司具备持续分红的能力,且长期分红率比较高,那么该上市公司发生财务状况良好且造假的可能性低。另一方面需要将该公司与同行业其他上市公司的财务数据进行对比,尤其是观察毛利率、负债率、净利率等指标,是否出现明显的异常现象。

第四,观察上市公司董监高或重要的管理人员在过去多年时间里是否有主动增持股票的行为。

普通投资者无法了解企业内部运作,企业高级管理人员却了如指掌。因此,上市公司高级管理人员的增减持行为,也反映出他们对上市公司发展前景的态度。

换一种角度考虑,如果某上市公司高级管理人员连续大额增持该公司股票,那么很可能预示着高级管理人员看好公司的发展前景。假如上市公司高级管理人员迫不及待卖出手中的股票,而且采取的是连续大额的卖出策略,那么这个时候需要警惕该公司的经营状况可能会发生变数。

第五,公司是否有持续创新的精神,是否愿意用真金白银投入研发。

如果一家企业没有创新,相当于没有了灵魂。一家企业不愿意花真金白银投研发、搞专利,意味着这家企业在"吃老本"。但是,任何"老本"生意都会存在一个生命周期,一旦生命周期结束后,将会面临一轮大洗牌。你不愿意创新,就容易被竞争对手超越,甚至被市场淘汰。

我们可以观察一下全球范围内的优秀企业,不少优秀企业的存活时间超过百年。这些企业之所以存活这么长的时间，很大程度上与企业每年花真金白银投研发、搞专利、抢人才等措施有关。

判断一家企业的研发能力，可以观察这家企业每年投入研发的资金占比，以及是否具有持续性。如果某家企业只是某一年大力投入资金搞研发，其余年份却投入极低，那么这种研发投入不稳定。

企业重视人才、重视研发，说明这家企业具有长远布局的眼光，这往往意味着这家企业可以走得更远，不会局限于眼下的利益。

除此以外，人才流失率也是一个重要的参考指标。对一家企业来说，人才是核心竞争力，一家好企业会有一套行之有效的激励方式，留住更多的优秀人才。但是，有的企业的激励方式并不成熟，而且企业文化并不友好，从而导致人才的流失。

因此，判断一家企业的发展前景有两个重要的指标供参考：一个是研发占比，另一个是人才流失率。这两项指标结合起来，可以衡量一家企业的长远发展潜力。注重研发与人才也是企业实现长期可持续发展的关键所在。

第六，公司是否具有强大的品牌号召力，在行业中能否保持龙头地位。

对一家企业来说，要获得消费者的认可，要么打造出独具风格的产品，要么拥有强大的品牌号召力。很显然，这两者都需要公司长期的发展积累。

拥有强大的品牌号召力，自然更容易获得消费者的认可。判断一家公司的品牌号召力，不妨从公司的品牌价值上下功夫。

每年都会有专业机构进行数据统计，并对行业龙头公司的品牌价值进行预测。一般来说，拥有较高品牌价值的公司，往往拥有较好的市场口碑以及较好的消费者认同感。与此同时，品牌价值高的公司，往往属于行业中的龙头公司。买股票需要买龙头，这也是投资股票获利的有效策略之一。龙头股不仅具有较强的抗风险能力、抗周期能力，还具备较强的行业地位，也容易成为机构投资者优先配置的对象。

投资风格可以分为价值投资以及价格投机。用经营企业的心态做投资，显然是指前者。从长期的角度分析，做价值投资的人，往往需要拥有良好的投资心态，若用短期投机的角度做价值投资，很容易会吃大亏。

第四节　资产如何做到有效配置

有人说，资产配置只适合有钱人，普通家庭并不需要。实际上，这种想法存在很大的误区。资产配置，并没有明确的准入门槛，手握1000

万元资金可以做资产配置，手持 1 万元资金也可以做资产配置，资产配置并不是有钱人的专利。

进行资产配置的初衷，是减少资产被动缩水的风险并实现资产的有效增值。因此，每个人都可以进行资产配置，只是拥有不同资金规模、不同风险偏好的人，他们的资产配置方式会有所不同。

资产配置的核心在于科学与高效性。只有同时满足这两个要素，才可以称得上有效的配置计划。

科学性主要体现在资产配置的计划不会单一投资到某一投资领域，而是分散、多元化。高效性主要体现在资产配置计划的执行力强，不会造成重复浪费的资产配置行为。

那么，应该如何制定出有效的资产配置计划呢？

首先，要充分了解自己的风险容忍程度。

判断出自己的风险容忍程度，最简单的方法是当自己的投资损失达到某一个数值的时候，自己会出现明显焦虑的状态，此时可能是自己的风险容忍底线。假如投资损失进一步扩大，自己产生出极度焦虑的情绪，甚至有销户、关闭理财账户等想法，这个时候基本就是自己的风险容忍极限了。

一般来说，当投资损失处于 5% 以内的幅度时，你开始产生出明显焦虑的情绪，那么你是风险厌恶型的投资者。假如你的投资损失进一步扩大，甚至已经触及你的风险容忍底线了。在这个时候，你应该及时调整自己的资产配置方式。

假如你的投资损失已经达到20%，但你并未产生出明显焦虑的情绪，则基本上可以判断出你属于激进型投资者。一般来说，投资者可以产生20%以上的投资损失，很可能与他配置比较多的风险资产有关，例如股票、基金、金融衍生品等。

假如投资者对某一家上市公司股票配置了自己50%资金，另外50%的资金用作其他理财。不过，该投资者在这家上市公司股票身上，已经发生了20%的投资损失。因此，对这位投资者来说，当务之急是尽快缩小投资损失，可以通过补仓降低持股成本、更换同类型板块龙头等方式。

其次，筛选好合适的资产，并根据自己的风险偏好匹配资产。

不同风险偏好的投资者，适合不同的投资资产。假如没有根据自身的风险偏好进行配置合适的资产，很容易导致投资回报远不及预期，甚至发生不必要的投资损失。

例如，一位保守型投资者，他做投资理财的首要任务是资产保值。但是，在实际操作中，这位投资者却把大部分的资产投向了股票，而且是高波动率的股票资产。因此，这样的资产搭配明显不符合这位投资者的需求。稍有不慎，可能会导致这位投资者承担不必要的投资损失。

一般来说，保守型投资者的风险承受能力很弱，当自己的投资本金开始发生浮亏的时候，这类投资者会感受到明显的不安。假如该投资者的投资损失达到5%以上，那么很可能触碰到该投资者的风险容忍极限值了。

因此，自己拥有什么样的风险偏好、什么样的风险承受能力，那么就需要制订出相应的资产配置计划。

当投资者确认自己属于保守型的投资者时，应该优先选出保守型的投资品种，同时把超过自己风险承受能力的投资品种剔除出去。完成这一步骤之后，根据安全性、流动性以及收益性的原则，把自己的可支配资金进行合理分配。

例如，A先生拥有100万元资金，作为保守型的投资者，A先生计划把自己的资金分别投入到货币基金、银行定期存款、大额存单以及储蓄国债上。

上述的投资品种各有优势，且基本上属于高安全性的投资品种。不过，从流动性、收益性的角度出发，却存在一些差别。

从流动性的角度出发，货币基金的流动性优势最强，部分货币基金可以实现"T+0"的交易方式。银行定期存款虽然可以提前支取，但提前支取会面临利息的损失。大额存单与储蓄国债，一般利率比较高，但在流动性方面却没有明显优势。

综合考虑，投资者可以把40%的资金投资大额存单或者储蓄国债，

30%的资金投入定期存款，且把定期存款拆分为一年、三年与五年，满足不同期限的流动性与收益率需求。最后，把30%的资金投入货币基金，以满足短期资金的需求，且保障了资产保值的基本需求。

此外，很多投资者往往忽略了动态调整投资品种的投资比例。用固态思维与用动态思维进行资产配置，两者之间的区别比较大。

举个例子，A先生拥有100万元资金，他将全部资金买入一款利率为2.9%的大额存款产品，锁定期为三年。按照当时市场的基准利率计算，A先生这个资产配置可以满足基本的资产保值需求。

B先生同样拥有100万元资金，相比A先生，B先生在资产配置上比较灵活，他把一部分资金投向某一款固定利率的投资品种。同时，他参考当时市场利率的变化情况，用一部分资金根据利率高低灵活配置国债逆回购的品种。除此以外，B先生还会把一部分资金投向指数型基金。一年下来，B先生的资金获得比较稳健的资产增值，这也是动态调整资产配置的方式。

最后，从风险管理的角度出发，针对激进型的投资品种设置好止盈和止损点。

保本型的投资品种是实现资产保值的重要保证，稳健型的投资品种是实现资产稳健增值的助推器，激进型的投资品种是实现资产快速增值的催化剂。

针对保本型与稳健型的投资品种，因波动率有限，基本上具备较高的投资安全性。激进型投资品种的价格波动率比较大，所以投资者最好是设置好止盈和止损点。

一般来说，可以根据阻力位的价格变化设置止盈点。与此同时，也可以根据自己的预期回报率设置止盈点。

投资者可以根据支撑位的价格变化和自己可容忍的投资最大回撤率设置止损点。

需要注意的是，保守型与稳健型的投资者未必适合配置激进型的投资品种。在实际操作中，投资者需要根据自身的投资需求、风险偏好、风险承受能力进行资产配置，一旦偏离了自己的风险承受能力，那么很有可能产生得不偿失的投资结果。

第六章
常见的投资陷阱

避开自己不熟悉的投资渠道,只做自己熟悉的投资品种,这是投资避险的第一步。做到这一点,投资者就可以避开大多数投资雷区。在此基础上,再结合自己的投资经验和知识去避开其他投资雷区,让自己在投资道路上少走一些弯路。

在这一章中,我们将会从避开投资陷阱、财务陷阱等角度为大家提供有益的建议,让大家早日达到稳健获利的目标。

第一节　提升投资安全性

任何投资都有风险。但是,很多投资者只看到了投资收益,却看不到投资的风险。很多时候,你看中别人的利息,别人却看中你的本金。因此,在投资过程中,风险意识一定要摆放到首要位置,如果缺乏有效的风险管理能力,盲目投资,吃大亏的可能性自然也就显著提升。

投资往往离不开三大要素,分别是安全性、流动性以及收益性。在这三大要素中,安全性是最重要的。

那么,如何提升投资的安全性呢?从个人的投资经历分析,有几点是必须注意的。

第一,避开自己不了解的投资渠道。

在投资市场中,投资者可以选择的投资渠道和品种日趋丰富。但是,未必所有的投资品种都是自己所熟悉的。现实中,不少投资产品是打着高收益的旗号吸引投资者。但是只要深入研究,就会发现这类品种的资金投向不明,且没有详细的项目说明,更多的是给投资者画饼。

天下没有免费的午餐！只要投资者记住了这一点，就可以避开大部分的投资雷区。

例如，某投资者投资股市，给自己设置了 5%~8% 的年收益率目标。那么，在这个时候，他可能会选择指数基金或者优质蓝筹股，通过稳健的价格波动与稳定的股息分红，来实现预设的投资收益目标。

假如该投资者给自己设置了 10%~20% 的年收益率目标，那么他很可能会选择成长股。与指数基金、优质蓝筹股相比，投资成长股可能会承受更高的投资风险，但也可能会带来更高的投资回报。不过，投资者需要做好个人持股市值缩水 20% 的心理准备。

因此，某投资品种一味强调高收益低风险，很可能是投资骗局。有时候，某些投资平台为了提升投资者的信任度，他们会给部分投资者进行本息兑付。但是，随着参与的投资者人数越来越多，平台无法或不愿兑付所有参与者的本息，只能够通过"借新还旧"的方式满足投资者的资金兑付需求。一旦"借新还旧"的游戏无法继续下去，那么平台将面临兑付危机，投资者的本息安全性自然无法得到保障了。

所以，避开不熟悉、不了解的投资渠道和品种，可以有效减少投资者的踩雷风险。

第二，不盲目增加自己的投资本金。

很多参与中高风险投资渠道的投资者往往会存在一种投资误区，他们总有一种不服输的投资心态。例如，当他们买入某家股票之后，股票价格走低，他们原本的投资本金亏损严重。这个时候，他们很可能会从其他渠道抽调更多的资金，不断投入股票市场。但是，随着股票价格的持续走低，他们亏损的金额可能会越来越大。

因此，从安全性的角度考虑，投资者应该按照自己的风险偏好，锁定自己参与中高风险投资渠道的本金规模，并不再盲目增加投入的资金规模。这样一来，投资者将会有效控制资产回撤的幅度，即使持股市值缩水过半，也不会对自己的总资产构成太大的冲击。例如，投资者可以把自己的本金分为三份，20%用作中高风险的投资。但是，这个20%的投资比例不能再增加，必须严格控制投入中高风险投资渠道的本金比例。否则，当市场发生非理性的波动走势，个人财富很容易面临大幅波动的风险。

第三，远离高杠杆工具，不借钱投资。

在投资市场中，拉开人与人之间差距的核心因素，莫过于自制力。

有的人拥有自制力，知道什么时候应该离场，什么时候应该持股，手握大量的投资本金也不会轻易迷失方向。有的人在投资市场中尝到了一些甜头，马上开始变得贪婪起来，并且一发不可收拾。

对大多数投资者来说，要远离高杠杆工具，不借钱投资，防止因贪婪陷入债务泥潭。

第四，不随意抛售优秀企业的股票。

选择熟悉的行业领域，选择行业中的优秀企业，将会让自己的投资事半功倍。

在投资市场中，优秀企业凤毛麟角。如果投资者低价买到优秀企业，那么应该珍惜优秀企业的廉价筹码。

在过去二十年的时间里，优秀企业为投资者提供价格较低的买点并不多。几乎每一次股市大跌都为中长线投资者提供了一个"黄金坑"的买点。在往后的日子里，即使市场行情多么低迷，也很难重返数年前的低点位置。所以，对投资者来说，优秀企业的股价低点是非常珍贵的，一旦错过了，可能需要等上好几年的时间，甚至在很长时间里也不会给投资者带来抄底的机会了。

优秀企业之所以称为优秀，很大程度上与企业久经市场考验有关。一般来说，每个企业都会有一个生命周期，如果一家企业可以持续经营数十年的时间，是相当了不起的，这种企业可以抵御多次经济周期、产业周期的考验，经营相对稳健。

并不是所有企业都配得起"优秀"二字。没有多次抵御经济周期和产业周期的能力、没有实现企业营收与净利润长期的稳健增长、没有足够的品牌号召力与品牌认同感，都与"优秀"二字无缘。由此可见，优秀企业具备比较高的准入门槛。

既然优秀企业的数量很少,那么对优秀企业的低价股票也就显得相当珍贵了。如果成功入手,不要轻易抛售优秀企业的便宜筹码,一旦抛弃了,也很难用较低的价格买回来。投资者不妨用长远的眼光做投资,与企业共同成长,分享企业长期发展的成果。

第二节　如何识别上市公司的财务陷阱

投资股票并非一件简单的事情。无论是短线投资者还是长线投资者,投资者都需要对上市公司的基本情况有一个初步的了解。假如不幸踩中上市公司的投资雷区,可能会产生不小的投资损失。

上市公司的财务报表,几乎是每一个股票投资者都会研究的数据。在 A 股市场中,曾经出现过多起财务造假、欺诈上市的情况。例如,二十年前的蓝田股份、银广厦,还有最近几年的康美药业、康得新等。有的上市公司曾经是 A 股市场备受关注的白马股,但随着该公司财务造假丑闻的暴露,股票价格大幅下跌,在高位买入的投资者无不捶胸顿足。

散户一方面没有专业投资者深入调研的能力以及专业的财务分析水平,另一方面缺乏信息优势与成本优势,一旦上市公司的财务状况或者资金链状况发生问题，先知先觉的机构投资者总会提前撤退，而散户只能够承受后知后觉的投资风险，一旦深套无法逃离。

因此，普通投资者识别上市公司的财务陷阱非常重要。接下来，我们来了解几种上市公司常见的财务陷阱问题。

第一，警惕长期不分红的"铁公鸡"。

所谓"铁公鸡"，即公司自上市以来从不分红，或者极少分红。公司的分红融资记录显示，该公司基本上处于长期重融资，轻回报的状态。

为什么要注重上市公司的分红能力？一般来说，当上市公司具有持续稳定的分红能力，意味着该公司的财务状况比较健康，资金面不会有太大的"爆雷"风险。退一步说，假如一家上市公司的业绩很好，且财报中的现金流比较充裕，却从来不采取分红的措施，同时也没有股份回购的举动，那么该上市公司的财报数据以及现金流状况可能存在一定的隐患。股票市场中长期保持稳健分红以及股份回购注销的上市公司，基本上很少发生财务造假的风险。

其实，大家只要稍微用心观察这些"铁公鸡"的市场表现，即使没有出现财务雷区，但大多数"铁公鸡"股票的长期走势并不乐观，长期投资回报率也很差。有的"铁公鸡"股票还常年出现投资收益率负增长的情况。对投资者来说，一旦买进这种股票，不仅达不到资产保值增值的效果，还付出了大量的时间成本以及心血，最终的投资结果是得不偿失。

第二，除开非特定行业，需警惕存在"大存大贷"的公司。

"大存大贷"，即上市公司账面上拥有大量的现金，却存在大规模的有息负债。与此同时，上市公司还频繁申请短期借债。虽然上市公司表面上的现金流比较健康，但频繁出现借债的现象，并非好事。

现实中，部分行业确实存在存贷双高的现象，例如房地产等行业。虽然上市公司存在"大存大贷"的现象，未必意味着公司一定存在财务隐患，但如果上市公司存在以下现象，应该要引起警惕。

如果某上市公司的账面资金比较充裕，却因一笔负债发生了兜底危机，那么投资者应该警惕该公司可能存在财务造假的风险。换一种角度思考，如果上市公司真的拥有充裕的现金流，也太可能让兑付危机发生。

举个例子：某上市公司的自由现金流有100亿元，前期该公司发行了一笔短期债券，涉及金额为5亿元。随着兑付时间的到来，该上市公司却发布公告称，无法如期兑付这笔短期债券。试想一下，100亿的自由现金流，却无法如期兑付5亿短期债券，让人不得不怀疑该上市公司的财务状况与自由现金流是否真实。

第三，注意上市公司的净利润与现金流是否匹配。

影响一家上市公司股票价格的主要因素是业绩。市场资金会根据上市公司的业绩表现以及盈利能力给予相应的估值定价。例如，成长股可能会按照PEG❶的估值模型进行估值定价，价值股可能会按照市盈率、市净率指标进行估值定价。此外，还有一些成熟企业，可能会按照股息率水平进行估值定价。

判断一家上市公司的财务状况是否健康，还可以通过分析上市公司的业绩表现与上市公司的现金流状况是否匹配进行判断。

一般来说，当上市公司的营收与净利润同步增长，且净利润增速高于营收增速时，往往是公司健康发展的重要体现。假如上市公司营收出现负增长，净利润却出现继续增长的态势，那么可能与公司控制成本提升利润的策略有关。不过，若上市公司持续出现营收下降净利润增长的状态，那么对上市公司的可持续发展未必是好事。

一家上市公司最好的发展状态莫过于经营现金流与净利润出现同步增长的表现，良好的经营现金流支持企业的利润增长，同时也有利于企业的健康扩张。

第四，查阅历史公告，观察上市公司是否遭到证监会立案调查。

在A股市场中，有不少上市公司遭到证监会立案调查处理。经过一轮调查之后，有的上市公司被出具行政处罚书，上市公司及相关负责人受到处罚。有的上市公司仍处于证监会立案调查阶段，且尚未有具体的调查结果。但凡上市公司有过证监会立案调查、相关负责人记入诚信档

---

❶ PEG：市盈率相对盈利增长比率。

案以及上市公司存在"黑历史"的情况。投资这类上市公司，可能存在一定的安全隐患，可能会给投资者带来潜在的投资损失。

一般来说，知名企业会拥有自己成熟的公关团队、法律团队，专门打理公司的品牌形象、企业文化等。但凡出现一些问题，都会在第一时间解决问题，避免对公司产生出更进一步的不利影响。由此可见，投资大企业、知名企业的安全性会更高。中小企业，可能会疏忽这些经营管理的细节。

第五，关注上市公司的股票质押率与商誉占比，减少不必要的投资损失。

上市公司的财报数据有两项值得投资者关注那就是，上市公司的股票质押率以及上市公司的商誉占比。

股票质押指的是上市公司用股票等有价证券提供质押担保获得融通资金。因股票质押的成本相对偏低，且融资便捷，所以上市公司存在资金周转需求的时候，可能会通过股票质押等方式获得资金。但若某一家上市公司过度依赖股票质押业务，或者股票质押率过高，那么可能会面临股票质押平仓的风险。

一般来说，上市公司的商誉，主要体现在上市公司参与合并的过程中，由产生的溢价形成商誉。假如上市公司采取高溢价的手段参与并购，那么很可能会形成较大金额的商誉规模。一旦上市公司参与并购后的经营业绩未能够达到市场预期水平，那么上市公司可能会采取商誉减值等方式释放风险。受此影响，上市公司可能会面临业绩骤降的风险，不知情的投资者将会面临较大的投资损失。所以，投资者一方面需要关注上市公司商誉金额的变化情况，另一方面要关注上市公司商誉占净资产的比例变化。一般来说，当上市公司的商誉占净资产比例超过50%的时候，应该要引起警惕。一旦上市公司突然实施商誉大幅减值的举措，将会直接影响当年上市公司的业绩表现，股票价格自然也会受到很大的调整压力。

除了上述提及的几种现象外，投资者在观察上市公司的财报数据时，应该注意一些细节问题。如果某上市公司的产品知名度不是很高，其毛利率却显著高于行业的均值水平，而且毛利率波动特别大，这种情况应该引起重视。

举个例子：某上市公司的毛利率高达80%，但行业的平均毛利率只有20%。很显然，该上市公司的毛利率水平远高于高行业的水平。一般来说，如果某家上市公司的毛利率远高于同行业均值水平，那么它应该要具备很强的产品议价能力，而且品牌影响力特别高。否则，很难匹配如此高的毛利率水平。在这个时候，我们需要再结合其他的因素去分析该上市公司。在上市公司毛利率波动特别大的背景下，假如上市公司的存货周转率、销售费率以及应收账款等数据持续异常，那么投资者需要提高警惕,尽量远离自己看不懂的上市公司。

由此可见,对投资者来说,在股票投资的过程中,除了掌握基本的财务排雷方法外,还需要不断提升自己的投资嗅觉。当一个人的投资嗅觉明显增强,那么他对上市公司的财务数据变化,会非常敏感。当某一家上市公司的财务数据出现一些异常现象的时候,投资者可以第一时间识别投资雷区,并从最大程度上降低自己的投资风险。

提升敏锐的投资嗅觉,不仅需要平时多观察市场环境的变化,而且需要多了解上市公司的财报信息。与此同时,可以利用自己学习掌握的财务会计知识,不断丰富完善自己识别上市公司财务陷阱的经验,从而促使自己的投资判断力与投资嗅觉的显著提升。

识别出上市公司的财务陷阱,对个人投资的影响非常重要。并不是所有的上市公司都值得投资,投资者要投资自己看得懂的上市公司。只有自己看懂的生意、自己看懂的企业,才明白它的投资价值。但凡出现上述情况,投资者仍需要打起十二分精神,面对 A 股市场数千家上市公司,尽量筛选出真正值得长期投资的上市公司,如此才能获得更多回报。

第三节　A股、港股常见的投资陷阱

习惯投资A股市场的投资者，未必会适应港股市场的投资规则。长期投资港股市场的投资者，在短时间内也未必熟悉A股市场的交易环境。背后的原因是，不同的市场有着不一样的交易规则，投资氛围也不一样。

举个例子：在A股市场，涨跌幅是有限制的，而且不同的市场会有不一样的涨跌幅规则。例如，主板市场的涨跌幅限制是10%，创业板市场的涨跌幅限制是20%，北交所的涨跌幅限制则为30%。针对主板新股，则在新股上市前五个交易日内不设置涨跌幅限制，以更充分反映出新股自身的价值水平。

相比之下，港股市场均不设置涨跌幅限制，有时候我们可以看到一些港股上市公司单日大跌超过80%，有的单日跌幅达到90%，这些场景，目前不会在A股市场发生。由此可见，如果长期习惯了A股市场的投资规则，一下子到港股市场做投资，恐怕在短时间内无法适应。

在A股市场中，投资者很容易踩错市场的投资节奏。在市场人气鼎盛的时候，投资者往往热衷于加仓买入，甚至采取满仓操作或者加杠杆投资的策略。在市场低迷的时候，投资者往往不敢抄底，很多投资者把投资方向弄反。把"高抛低吸"变成了"高吸低抛"，在低位的区域，投资者却把自己的筹码抛售出去。

投资者容易把投资节奏弄反，与沪指长期处于3000点至3500点区域震荡运行有着很大的联系性。市场指数长期处于区间震荡的行情，从一定程度上影响到整个市场的赚钱效应与投资信心。

A股与港股市场都有哪些投资陷阱呢？

第一个投资陷阱：低估值。

无论是A股市场还是港股市场，我们都可以看到一批低估值的股票。价值投资者可能会特别青睐低估值的股票，因为在他们看来，低估值往往意味着拥有较高的投资收益，但是，现实中，低估值的股票未必拥有很高的投资安全性。低估值陷阱常出现在港股市场之中。但近年来A股市场的银行股、房地产股等，也逐渐展现出低估值陷阱的现象。

投资者应该如何识别低估值陷阱呢？

首先，我们需要警惕某一年业绩突然暴涨的股票，这种情况往往让投资者迷惑。

从上市公司的市盈率数据分析，有部分上市公司的股票估值非常低，而且远低于同行业的估值水平。但是，详细分析之后，就会发现该上市公司只是在某一年份出现业绩暴涨，低估值并不具有持续性。

针对这种现象，一方面可能与上市公司投资收益、扣非利润大增有关，另一方面可能与上市公司自身的财技手段有关。不过，针对上述的情况，往往意味着上市公司的业绩增长缺乏持续性，偶然的业绩暴涨往往具有较大的迷惑性，投资者需要警惕这种低估值陷阱。

其次，部分行业的估值定价长期低迷，投资者切勿把某些长期低估值的行业与其他估值不便宜的行业对比。

例如，在A股市场中，房地产、银行、钢铁、煤炭等行业上市公司的整体估值比较低。与之相比，包括医药、医疗、高端装备、科技等行业板块的估值定价并不便宜。由此可见，不同的行业板块，相应的估值定价差距很大。判断一个企业的估值定价，还需要看该上市公司的质地水平。在同一个行业中，优质资产往往可以获得更高的估值定价。相反，如果资产质量不那么好，那么相应的估值定价也会比较便宜。

第二个投资陷阱：不同交易制度、交易规则埋藏着大量风险。

A股市场实施的是"T+1"交易制度，意味着今天买入的股票只能够到下一个交易日卖出。与之相比，港股市场实施的是"T+0"交易制度，即投资者在今天买入股票，也可以在当天卖出股票，交易方式更加灵活了。

与此同时，港股市场实施的是无涨跌幅限制，意味着上市公司当天可以上涨100%，也可以下跌90%。与之相比，A股主板市场实施10%的涨跌幅限制，主板风险警示股票实施5%的涨跌幅限制。创业板与科创板，则在涨跌幅限制上显得比较灵活。例如，在上市前五日内没有涨跌幅限制，但在之后的交易日里实施20%的涨跌幅限制。

此外，从上市公司一手交易所对应的股数来看，两个市场也存在明显的区别。例如，在A股市场中，最低交易100股，且申报数量应该是100股的整数倍。2023年8月，上交所称，正在研究允许主板股票、基金等证券申报数量可以以1股为单位递增（截至本书截稿日，该政策尚未实施）。

与之相比，港股市场最低交易股数存在一定的区别。例如，腾讯控股每手为100股，港股中国移动每手为500股，汇丰控股每手为400股。不同的上市公司，一手对应的交易股数存在明显的区别，这也是与A股市场存在明显区别的地方。

在A股市场中，当上市公司遇到"黑天鹅"事件后，上市公司的股票价格可能会出现大幅下跌的走势。不过，因涨跌幅限制的存在，上市公司可能会出现连续"跌停"的走势，直到卖盘释放得差不多为止。但是，对投资者来说，即使提前挂单卖出，也很可能排不上号，只能等待股票打开跌停板，才能够顺利挂单卖出。

相比之下，港股市场上市公司可能会出现单日下跌50%、80%的极端走势，上市公司会在一个交易日内完全释放出市场的利空因素，并在短时间内完成价值回归的任务。

由此可见，不同的市场交易制度、不同的市场交易规则，会带来不一样的交易结果。在实际操作中，不同的交易规则利弊不一，关键还是要看投资者是否适应，是否充分了解所在市场的交易规则了。假如投资者习惯了 A 股市场的投资模式，简单把 A 股市场的投资模式照搬至港股市场，很可能会吃大亏。

第三个投资陷阱：过度偏爱低价股。

长期投资 A 股市场的投资者也许会偏爱投资低价股。纵观 A 股市场每一轮牛市行情，基本上离不开低价股的炒作，不少热衷于投资低价股的投资者也曾从中获益。细心的投资者可以发现，部分低价权重股往往是散户投资者聚集的地方。

投资者可能会存在一种认知，即上市公司股价越低，投资安全性越大，高价股可能会存在股价腰斩的风险，股价越高相应的成本越高投资风险越大。在 A 股市场中，偏爱炒作低价股的投资者，可能曾尝到不少的甜头。特别是在牛市的环境下。但是，假如 A 股投资者把低价股投资逻辑照搬至港股市场，那么很可能会吃大亏。

港股市场没有面值退市的说法，纵观港股市场的上市公司，面值低于 1 元的股票比比皆是。与此同时，港股市场"仙股"遍地，不少港股上市公司的股价长期低于1元乃至低于0.1元，却依然保持正常的交易状态。与之相比，A股市场存在面值退市的规则，并且绝大多数的股票面值高于1元，只有极个别上市公司面值不是1元。

因此，在面值退市的影响下，不少上市公司股价跌至1元附近时，上市公司会想办法维护股价的稳定，避免触发面值退市的规则。大股东稳定上市公司股价的意愿也会显著提升。在具体操作中，大股东或实控人可能会选择股票回购、主动增持等措施来稳定股价，也可能会采取稳定股价的组合拳，降低上市公司股票触发面值退市的风险。

在港股市场中，因缺乏面值退市规则的约束，当市场环境不好或上市公司基本面欠佳的时候，港股低价股很容易跌至极低的价格水平。从1元下跌50%，股价仍有0.5元。在此基础上，股价再下跌50%，仍然有0.25元的价格，上市公司仍然可以维系上市交易的地位。

值得一提的是，港股市场还有合股的说法。合股是指把多股股票合成一股股票。当上市公司完成合股之后，上市公司的市值保持不变，总股本却减少了，相应的股票价格也随之提升。假如上市公司频繁采取合股的操作，那么经过多轮的合股之后，股价依然屡创新低，最终也会给投资者带来沉重的亏损压力。

因此，对投资者来说，不要随意投资港股的低价股，更不要把A股市场的投资思路照搬至港股市场。A股市场的低价股投资逻辑并不适合港股市场。

第四个投资陷阱：忽略股票流动性❶的因素。

无论是A股市场还是港股市场，在存量资金主导的背景下，随着股市的持续扩容，存量资金分配到每一家上市公司身上会越来越少，而且头部公司会吸引市场中大部分的资金。

在此背景下，投资者需要注意上市公司的股票流动性。在股票市场中，股票价格发现❷功能很重要，但价格发现功能离不开充裕的流动性支撑。这也是部分股票估值很便宜，资产质量也不差，却迟迟无法获得较好的估值定价的原因。实际上，估值水平未必比流动性重要。

因此，在我们寻找投资标的时候，还需要看其流动性是否充裕。需要注意的是，并不是只关注该股票某一时间段的流动性变化，而是要关注该股票是否长期保持活跃的流动性水平。换言之，只有股票保持活跃的流动性状态，才可以更好提升上市公司的价格发现能力。

在注册制持续发展的背景下，未来市场的流动性会更倾向于头部公司、成长性强的重要资产以及稀缺资产，这些公司占据市场的流动性比例会持续提升。与之相比，普通公司、绩差公司可能很难获得持续活跃的流动性支持。当公司的股票流动性持续低迷，上市公司的股票价格发

---

❶ **股票流动性**：交投活跃度。流动性好说明买卖双方活跃，成交畅旺。

❷ **价格发现**：通过买卖双方的互动来确定资产现货价格的方法。

现功能也会发生失灵，投资价值也会骤然下降。

上述几个投资陷阱在A股与港股市场上很常见。与A股市场相比，港股市场的投资陷阱更值得注意。很多投资者以为自己在A股市场的投资策略很不错，便完全照搬至港股市场之中。殊不知，这样反而容易发生投资踩雷的风险，很可能会成为市场中"韭菜"。

投资者的第一步是学会排雷，逃避投资陷阱。只有了解风险，控制风险，才能够降低投资大幅亏损的可能性，避开不必要的投资风险。在此基础上，投资者才可以安心、放心去投资，实现资产的有效增值。

第四节　避开人气过旺的地方

相信很多人听过一句话，真理往往掌握在少数人的手中。这句话，可以运用到很多地方。例如，在股票市场中，投资者经常会听到"人弃我取""人取我弃"的投资策略。简单来说，做投资应该要远离人气过旺的地方，哪个行业哪个股票的人气越旺盛，反而说明了投资风险正快速积累，在不久的将来可能会有风险释放的压力。

纵观A股市场的历史，几乎每一轮股市顶底，市场人气的变化可以作为一种重要的观察信号。假如投资者可以利用好市场人气的变化规律，那么很可能会在股票市场中赚钱。

例如，2007年上证指数触碰6124高点，2015年杠杆牛市上摸5178高点，2018年2月茅台估值超过60倍，每一个重要的市场高点，都与超高市场人气密不可分。

2015年6月，A股市场日均成交量超过2万亿元，场内融资规模超过2万亿元，场外配资远超2万亿元。在股票市场处于超高人气的背景下，沪指在触碰5178高点之后，随即形成行情拐点，仅仅过了半年时间，沪指从5178高点跌至了2638点，一批热点题材股累计最大跌幅超过80%。

人气旺盛的地方，有可能意味着市场机会已经接近尾声。

一、避开人气扎堆的地方，归根到底要读懂"人性"

一个具有持续赚钱能力的投资渠道，对人们的吸引力也是不小的。如果某一个投资渠道的收益率可以达到10%，想必会吸引大量的参与者关注，如果某一个投资渠道的潜在收益率能达到30%以上，估计大量投资者会想方设法参与进来，尽可能收获投资利润。假如这一个投资渠道的预期收益率达到50%以上，那么资本可能会不惜一切代价获得参与投资的机会。

归根到底，无论是个人投资者还是机构投资者，都离不开逐利的特征。

在市场处于人气鼎盛的时候，往往是市场行情处于高位或者市场赚钱效应达到极致的时候。在这个时候，场内的投资者会被丰厚的投资利润冲昏头脑。场外的投资者本来想等待一个合适的买点，但面对市场行情不断创新高、赚钱效应持续升温的现象，场外投资者已经很难压制住自己的耐心，并最终以超出自己心理预期的价格买进股票，认为自己可以在市场中赚到钱，而不是最后的接棒者。

狂热的市场行情往往容易让人变得不知所措。但是，这个时候也往往预示着市场风险即将降临。在股市行情即将步入拐点之际，投资者的心态往往处于极度乐观的状态。当市场拐点开始形成之后，无情的市场会给投资者泼了一盆冷水，而高位买入的投资者并没有意识到风险已经降临。与之相反，他们却采取了继续加仓的策略，试图等待市场行情重新上涨的机会。

当一个人处于狂热的状态，他们往往缺乏理性判断的能力。在市场形成拐点之际，一个买卖动作，很可能会改变一个人或者一个家庭的财富命运。遗憾的是，在牛市高点的时候，真正拥有清醒头脑的投资者却寥寥无几，更多人在非理性的状态下做出了错误的投资决策，最终导致自己的持股市值大幅缩水。因此，判断股市顶底，判断市场的买卖点，关键还是要读懂"人性"。

二、如何让自己保持清醒的投资头脑

当人看到可观的投资利润时，都想去冒险博弈一把，总认为自己是那个少数的赢家。然而，最终可以取得投资利润的也只是少数人，这就是市场残酷的一面。

那么，投资者如何让自己保持清醒的头脑呢？

首先，树立起一种投资习惯，即在每一次交易之前，用 10 秒的时间询问自己这次交易是否已经考虑充分，是否在理性的状态下做出这一笔投资交易。假如你的回答是肯定的，那么你可以进行正常的交易买卖。否则，你应该暂停这笔操作，并重新思考自己的投资行为。

不要小看这一个小小的举动，它也许会让自己逃过一些不必要的投资行为，避免一些不必要的投资损失。

其次，投资者无论是投资股票、基金，还是投资债券或者理财产品，都应该形成每天复盘的习惯。

在实际操作中，假如你是股票投资者，那么应该在当天交易日结束的时候，将自己当天的交易行为进行全面分析、复盘，总结自己的经验教训。假如你是债券投资者，那么你需要在当天休息的时间里，多观察影响债券市场走势的新闻，同时需要对债券品种的走势进行复盘，对自己持有的债券品种认识度不断提高。

不要把复盘工作当成一种负担，而是应该要把它变成一种习惯。随着时间的推移，你会逐渐感受到复盘的乐趣，同时你也会感谢自己的复盘行为为自己带来更多理性的思考。

三、利用人气变化捕捉投资机会

上文提到，我们应该避开人气扎堆的地方。但是，在我们学会规避投资风险的时候，也需要利用人气的变化捕捉市场的投资机会。那么，我们应该如何利用人气变化捕捉市场的投资机会呢？

以股票市场为例，我们可以利用成交量的变化，了解到市场人气的变化，并利用市场人气的变化捕捉到市场的投资机会。

以A股市场为例，投资者可以通过对市场成交量高低判断出市场的投资机会。一般来说，当市场步入顶部区域，且放出多年来的天量水平，在市场步入调整行情后，当股市成交量萎缩至前期天量的五分之一水平时，有可能成为一个阶段性的底部区域，这个时候的投资机会明显高于投资风险。

以2007年的大牛市为例，2007年5月沪市的成交量高达3.92万亿元，并创造出沪市的单月历史天量水平，五个月后沪市创出了6124历史高点。2008年10月，沪市的单月成交量大幅萎缩至7300亿元，只有2007年5月历史天量的五分之一水平，当月沪市探出1664低点，成为当时市场重要的底部区域。

2015年6月,沪市创出了近20万亿元的单月成交量纪录,当月创出了5178点的新高水平,随后市场步入下跌趋势。2016年1月,沪市单月成交量只有4.3万亿元,市场成交量萎缩至只有2015年6月的五分之一。

虽然2016年2月沪市的单月成交量再创新低,并萎缩至3.07万亿的月成交规模,但考虑到春节的因素,2016年2月的3.07万亿成交量并不具有很好的参考价值。因此,2016年1月的成交量更具有参考意义,且当月市场创出了2638点的低点。

由此可见,市场创出历史天量,以及股市成交量萎缩至天量五分之一之时,有可能是市场重要的转折点。

除了股市成交量外,投资者还可以参考一个指标,即新增投资者数量变化。在新增投资者数量处于同比大幅增长的背景下,股市行情往往处于持续活跃的状态。反之,若新增投资者数量持续下降,市场行情则往往处于持续低迷的状态。

新增投资者的数量变化可以参考前几年市场行情即将发生拐点的时间段数据来判断。

2018年末至2019年初,A股市场正处于底部调整尾声阶段,2019年市场展开了一轮稳步攀升的行情。东方财富的数据显示,2018年12月A股市场新增投资者数量为85.34万户,这个新增投资者数量正处于当时的低位水平。随着市场行情的快速回升,2019年3月A股新增投资者数量大幅攀升至202.5万户。

2020年3月，A股市场再次开启了一轮震荡上升的行情。而在2019年四季度至2020年一季度期间，A股新增投资者数量一度跌破80万户的水平。其中，东方财富的数据显示，2019年10月至2020年1月，A股新增投资者数量保持在79万户至83万户之间，这一个数量也处于近年来新增投资者数量的低位。随后，市场并逐渐开始了一轮震荡攀升的行情。

由此可见，通过对新增投资者数量变化的观察，可以让我们更清晰了解到市场环境的变化。新增投资者数量保持低位也从一定程度上反映出市场人气已经步入冰点，意味着股市距离行情拐点也不远了。

股市成交量变化以及新增投资者数量变化可以揭示股市行情冷暖。如果上述两个指标均处于多年来的低位水平，那么股市见底的概率较大，这也是判断市场投资机会的重要参考指标。

在A股市场做投资，市场投资情绪的变化应该被视为一种重要的分析判断指标。在实际操作中，无论是投资股票、投资基金，还是投资其他的投资理财产品，谨慎对待人气过旺的投资产品，很可能会让你减少一些不必要的投资损失，在投资道路上少走一些弯路。

第七章
风险管理的重要性

　　风险管理是投资者必须学会的技能。无论是对个人还是对家庭，一旦缺乏有效的风险管理，那么很可能会增加财产损失的风险。因此，如何提升自己或者家庭的抗风险能力非常重要。投资理财本身存在一定的风险，有效的风险管理方法可以提升个人或家庭的抗风险能力。相信本章内容会给你些许帮助。

第一节　正确认识保险产品

随着经济的快速发展，以及人们保险意识提升，大家购买保险的意愿明显增加。从经济的角度分析，保险属于分摊意外事故损失的一种避险工具。

一、正确认识保险

与国外相比，国内不少居民对保险产品比较抗拒。究其原因，一方面是国内部分保险产品夸大宣传，给消费者带来一种被骗的错觉；另一方面是国内保险机构的售后服务跟进不到位，理赔不及预期。除此以外，保险机构的营销方式也让民众的体验感不佳。

当前，随着保险知识逐渐普及，很多家庭开始购买组合式的保险产品。例如，有的家庭会在原来购买职工医保的基础上增购一些商业保险，覆盖了意外险、重疾险等范围，为自己及家人增加一份保障。有的家庭经济不是很宽裕，他们可能不再购买商业保险。

那么，针对不同经济条件的家庭，到底应该如何配置保险呢？下面，我们来具体谈谈。

二、如何配置保险？

在剔除日常生活开支后，可以把家庭可支配收入分为三份。

第一份资金，可以作为应急资金应对一些突发状况。

第二份资金，可以用作投资理财，投资者可以根据自己的风险承受能力、风险偏好灵活制订出适合的投资理财计划。

第三份资金，主要用于家庭的保障。例如，配置保险产品等。

而在配置保险的过程中，不同个人、不同家庭，往往会有不同的保险配置需求。

举个例子：A家庭每月可支配收入3000元，B家庭每月可支配收入20000元。A家庭因为可支配收入不高，所以对保险的配置预算是比较有限的。A家庭在配置保险的时候，保费不宜超过当月家庭可支配收入的三分之一，否则会影响家庭经济的正常运作。

在实际操作中，A家庭适合配置性价比高的保险品种。其中，包括必须配置的保险以及可选择配置的保险。例如，职工医保或居民医保是必须配置的保险，在此基础上，再配置由政府指导并由保险公司承保的保险品种，以覆盖个人或家庭的基本保险需求。

假如一个家庭只配置这些基本的保险，那么该家庭在保险投资的资金比例是相对可控的，基本上不会影响家庭的基本经济开支。

与 A 家庭相比，B 家庭每月的可支配收入比较高。因此，在保险投资比例上，B 家庭可以投资更多的保险品种。除了最基本的保险品种，B 家庭还可以增配一些商业保险，包括重疾险、意外险、百万医疗、寿险等。

因为保险品种太多，且涉及不同的保障范围，所以配置商业保险应该根据不同的年龄段进行筛选。例如，如果家庭中有小孩，那么应该为孩子配置少儿意外险、儿童医疗险等针对儿童的保险品种。针对家庭中的成年人，应该优先考虑意外险与百万医疗险。如果经济条件允许，那么可以考虑配置重疾险和寿险，防止因病致贫的风险。针对家庭中的老年人，因年龄比较大，且身体条件未必能满足部分保险的参保要求，所以这类人群的参保难度比较大。在实际操作中，可以为老人购买意外险、抗癌险等保险品种。

值得注意的是，在购买保险之前，应该根据家庭的实际经济情况制订相应的投保计划。

三、买保险也是一种投资行为

购买保险也是一种投资行为。拥有较多可支配收入的家庭可以通过投资养老年金险来达到投资养老的目的，为自己的晚年生活提供更多的收入来源。从中长期的角度看，保险本质上也是一种投资行为，是投资自己，为自己及受益者提供很好的保障。

假如你不是高净值人士，却拥有一定的流动性资金，从投资的角度出发，万能险也是一个稳健的投资渠道。与一般的理财产品相比，万能险不仅具备理财功能，还具有保障功能。与此同时，万能险还有一定的结算利率优势。

在无风险利率持续下行的背景下，投资者想要找到投资收益率超过4%的投资品种已经不容易了。不过，部分万能险产品结算利率依然可以达到3%~4%的水平，还有部分万能险产品的结算利率达到了4%以上。从资产配置的角度出发，万能险产品比较适合稳健型或者保守型投资者的参与。

由此可见，保险产品并不仅有避险功能，还有理财功能。投资者可以根据自身的需求选择相应的保险产品，让自己的资产配置更加高效。

四、购买保险应该量力而行

正如前文所述，根据不同家庭的经济状况选择不同的保险产品，同时根据自己的实际需求有针对性地配置保险品种，有利于提升保险投资的效果。

现实中，由于对保险的态度不同，有的人从来不购买保险产品，有的人却热衷于投资保险，甚至把不同类型的保险产品购买一遍。

笔者认为，购买保险应该要量力而行。同时，应该根据个人的实际需求以及经济条件投资，切忌盲目跟风，否则只会导致保险的效果大打折扣，不能起到应有的作用。

从投保者的角度出发，购买保险前要做好几个关键步骤。

第一步，对个人及家庭可支配收入有一个全面的了解。

根据自家的可支配收入情况，制订出符合个人实际需求的保险配置方案。假如自己投资保险的金额，还高于个人的可支配收入水平，那么这种保险配置方式是不妥的。投资保险品种，关键要与个人的收入状况相匹配，这样才可以更高效满足个人投资保险的需求。

第二步，根据家庭成员的具体情况制订相应的保险投资方案。

假如家庭中只有夫妻二人，那么可以购买主要针对成年人的保险品种。换一种角度分析，如果家庭成员比较多，且涉及儿童与老人，就要按照不同的年龄段制定出相应的保险配置方案。

第三步，家庭成员较多的家庭，配置保险时要做好取舍。

现实中，并不是所有家庭都具有宽松的经济条件，未必可以满足所有家庭成员的投保需求。一旦遇到家庭可支配收入不足以满足所有家庭成员投保的需求时，应该合理取舍。例如，在投保过程中，优先照顾家庭中的主要经济支柱，优先为他们投保，一旦家庭发生变故，也不会影响到整个家庭经济的正常运作。

第四步，检查自己计划购买的保险是否属于重复购买或无效购买。

有的朋友对保险配置非常积极，在没有充分了解个人实际需求的前提下任性购买，最终导致自己投资保险的性价比非常低。

对投资者来说，在购买保险之前，要根据自己的实际需求列一张表，对同一类型的保险产品进行筛选，避免重复购买。除此以外，投资者仍需警惕自己无效购买保险的行为，避免购买自己不适用的保险，让自己花冤枉钱。

第五步，充分了解保险的核保规则及退保要求。

购买保险的目的，主要是提前锁定风险，当风险真的到来的时候，自己不至于那么被动。不过，在购买保险之前，应充分了解保险的核保规则以及退保规则。

针对前者，当参保者购买保险之后，一旦遇到变故，核保效率就显得非常重要。假如保险公司以不同理由拒绝核保，那么对参保者来说自然也是利益受损者。因此，在购买保险之前，要充分了解保险的核保规则，保障参保者的切身利益。

针对后者，当参保者发生买错保险的情况时，一般会有一个犹豫期，给参保者一个退出的机会。现实中，参保者在购买保险之前，应充分了解退保规则,并了解该保险是否存在犹豫期,在犹豫期内退保是否可以免费申请等。只有充分熟悉保险的规则,才可以更好保障个人的合法权益。

第二节　个人养老金值得参与吗

目前,我国的养老保险体系有三大支柱,第一支柱是基本养老保险和城乡居民基本养老保险,第二支柱是职业年金与企业年金,第三支柱是个人储蓄性养老保险和商业养老保险等。个人养老金是其中的第三个支柱,它的推出有利于提升参保者的养老替代率水平。

当前,我国大部分人都参与了基本养老保险和城乡居民养老保险,而且覆盖范围比较广、参保率比较高。作为第二支柱的职业年金与企业年金,整体参保率并不是很高。然而,参保者如果只是参与基本养老保险,退休时的退休金可能会比较低。提升退休金可以参保养老体系中的第二支柱与第三支柱。

本节将重点谈谈个人养老金的问题,让大家对个人养老金有一个更深入的认识。

第七章 风险管理的重要性

一、参与个人养老金有哪些规则

个人养老金完全由个人承担，完全积累，并且采取封闭运作的模式。与此同时，个人养老金的参保者每年缴纳的个人养老金额度上限为12000元，且在投资组合的选择上更具灵活性与多元化。

从投资优势来看，参与个人养老金，投资收益暂不征税。同时，个人养老金在支取的时候，按照最低个人所得税比例的3%征税，享受专项抵扣的税收优惠福利。

此外，个人养老金的领取方式有两种：一种是达到领取条件之后一次性领取，另一种是分批领取。如果参保者不幸身故，其个人养老金账户内的资金可以继承。

二、为何要提前做好养老规划

中青年人也许会觉得自己距离养老比较遥远。但是，假如不提前进行养老规划，那么随着年龄的增长，很多事情会变得比较被动。

一般来说，影响退休金水平的因素是多方面的。例如，缴费基数、工龄时间、缴纳社保的年限、当地的平均收入水平等。

举个例子：A先生与B先生生活在同一个地区，他们的工龄一样，但A先生是事业单位编制，B先生是普通企业单位退休，两者之间的缴费基数不同，退休金待遇也会不同。但B先生可以通过参与企业年金或者个人养老金的方式提升未来的个人退休金收入。从提升个人养老金的角度出发，参保者要想办法增加养老金收入来源，提前做好养老计划，包括参与基本养老保险、个人养老金、企业年金、商业保险等。

三、哪些人适合缴纳个人养老金

参保者参与个人养老金每年缴款金额不超过12000元，相当于每月1000元。假如自己每月的可支配收入不多，且扣除了各项必要开支成本后，剩下的闲置资金比较有限，那么参加个人养老金只是一种可选项，并非必选项。因为，除非有特殊的情况，否则个人养老金需要到退休年龄才可以领取。所以，每年缴纳的个人养老金会成为一笔中短期内无法支配的资金。可支配收入不高的家庭可能会捉襟见肘。

那么，哪些人适合缴纳个人养老金呢？

首先，月收入高于5000元，且扣除日常基本开支费用以及基本养老保险后缴纳个人养老金仍不影响家庭生活质量。

同时，投资者如果拥有一笔可观的闲置资金，且这笔闲置资金可能长期不动用，那么，参与个人养老金制度可以提升资产多元化配置需求。与其他投资渠道相比，个人养老金在投资渠道的设置上具有一定的特征。例如，个人养老金的投资品种比较广泛，除了储蓄存款外，个人养老金还可以投资公募基金、银行理财、商业养老保险等渠道。因此，参与者可以根据个人投资意愿灵活配置资产。

值得注意的是，虽然个人养老金制度是由个人自主决定，但并非所有人都适合参与个人养老金。

按照相关规定，在中国境内参加城镇职工基本养老保险或者参加城乡居民基本养老保险的劳动者，才可以参与个人养老金制度。同时，如果计划参与者已经属于退休人员，而且已经领取了基本养老保险，那么这类人员就不能参与个人养老金制度了。因此，并不是所有人都可以参与个人养老金。

四、参与个人养老金制度的注意事项

总体来说，个人养老金制度具备了递延纳税优惠政策、投资收益暂不征收个人所得税以及专项抵扣等特征，且满足了不同人员的资产保值增值需求，并为参与者增加更多的收入来源。所以，个人养老金这一项制度还是具有比较大的吸引力。

假如参与者的风险偏好比较强，且可以承受较高的投资风险，那么参与者可以通过个人养老金增配公募基金等品种，来达到资产增值的效果。但是，考虑到个人养老金采取的是长期封闭式的管理方式，参与者应该更注重长期投资，并非中短期投资，即使短期内发生了投资亏损的风险，但也是浮动亏损，并非最终的投资损失。

个人养老金制度的落地,从某种程度上推动了长期价值投资的理念。对可以承受一定投资风险的参与者来说,不妨通过长期每月定投的策略投资个人养老金的公募基金品种,通过长期定投不断拉低自己的持有成本。如果投资者不愿意通过个人养老金账户投资股票基金,那么还可以选择偏保守的投资理财方式,例如储蓄存款、银行理财、商业养老保险等。抛开股票基金等高风险的投资方式,投资者如果把钱灵活分配到多个稳健保守的投资品种,几年下来,也可以获得资产保值或资产小幅增值的效果。需要注意的是,参与个人养老金、商业年金等渠道,关键要趁年轻参与,而且需要做好长期投资、长期积累的准备。如果晚了,不仅会影响到自己的养老金积累规模,养老投资的效果也会大打折扣。

第三节 如何评估自己的风险承受力

一般来说,按照投资者的风险偏好,可以划分为激进型投资者、稳健型投资者以及保守型投资者。不同类型的投资者,他们的风险偏好与风险承受能力有所不同。如何判断出自己的风险承受能力,将直接影响着资产配置的计划以及投资的结果。

判断出自己的风险承受力，并非简单的事情。其中，最有效的判断方法，大致如下。

第一种方法：亏损幅度判断。具体来说，当某一个资产组合出现下跌，跌幅开始让你感受到明显焦虑的时候，这个时候可能是你的风险承受最大值。

举个例子，某一投资组合开始出现亏损，且亏损幅度在5%以内，这个时候你没有任何不适的感觉，并仍然放心持有该投资组合。对此，可以判断出你的风险承受力高于保守型投资者。

当该投资组合继续出现下跌的走势，且亏损幅度已经超过了10%，这个时候你开始焦虑，意味着这个亏损幅度已经非常接近你的风险承受最大值。由此可见，10%的投资损失幅度，可以设置为该投资者的止损点。一般来说，可以承受10%以内投资损失的投资者，可以列为稳健型的投资者。

假如该投资者的投资组合出现10%以上的投资损失，且没有感受到明显焦虑，那么该投资者很可能属于激进型的投资者。

由此可见，观察自己的投资损失变化，也可以在一定程度上认识到自己的风险承受能力。

第二种方法：从投资回报预期判断。进入投资市场，投资者需要对自己的投资回报进行提前判断。有的人是保守型的投资者，参与投资理财的首要目的是保值增值，即便获得5%以内的投资回报率，也符合他们的投资需求。针对这类投资者，他们可能更适合保守型的投资品种。

有的人属于稳健型投资者，他们进入投资市场，首要目的是实现资产稳健增值。不过，在追求资产增值上，5%~10%的投资回报率是他们满意的投资结果。

激进型投资者的投资回报预期并不局限于5%、10%。他们可能追求的是20%及以上的投资回报率。投资回报预期越高，意味着他们需要承担的投资风险更高，这对投资者的风险承受能力要求更高。

不同的投资回报预期意味着不同的风险偏好。假如自己的风险承受力比较有限，却要求超过10%的投资回报率，显然是不合理的。投资者在制订投资计划的时候要量力而行，设定符合自身需求的投资回报预期。

第三种方法：从投资品种的具体类型判断。

不同风险偏好的投资者，他们在投资品种的选择上，会有所不同。在A股市场中，对不同的上市公司也会有着不一样的划分。

例如，业绩长期保持稳健增长的状态，且具备比较高的品牌影响力的上市公司被称为白马股。

例如，"中字头"的上市公司，且每年保持较高股息分红的上市公司被称为蓝筹股。

例如，业绩波动比较大，却蹭上了热门概念的上市公司，市场会把这类公司称为题材股。

此外，如果上市公司的业绩比较差，甚至存在披星戴帽或退市的风险，那么这类公司会被市场列入绩差股的队列。

在实际操作中，如果投资者只希望通过股息红利实现资产增值，那么可以投资蓝筹股和白马股，并通过长期投资，不断获取股息红利。

如果投资者的风险偏好特别高，又希望利用股价的大幅上涨获利，那么他们可以选择题材股投资。与投资白马股、蓝筹股相比，投资题材股的风险比较大，且题材股股价波动率特别高。若投资者在高位接棒，那么很可能面临长期套牢的风险，这也是投资题材股的主要风险之一。

还有一种情况，如果投资者对上市公司的研究不深，却又希望通过股票市场实现资产增值，那么对这类投资者来说，可以考虑投资指数基金。

无论是个人还是对家庭，在参与投资理财之前，都需要对自己的风险偏好、风险承受能力进行一个全面深入的分析，这样才可以制订出更符合自身投资需求的资产配置计划。

并不是所有人可以承受得起高风险的投资渠道，也不是所有人都能容忍低风险的投资方式。所以，不同类型的投资者，他们的风险偏好与风险承受能力都会有较大的区别。选择适合自己的投资策略、选择适合自己的资产配置计划，才可以更好满足自己的投资需求，避免承受不必要的投资风险。

由此可见，判断自己的风险承受能力是投资者参与投资理财之前的必修课。充分了解自身的风险承受能力后，才可以更有针对性地制订投资理财方案，并通过投资理财达到理想的回报预期。

第四节　三招提升家庭抗风险能力

不少家庭试图通过投资理财实现资产的快速增值。投资理财需要考虑的因素并非只有收益，还有风险。因为，在实际操作中，投资风险往往是无法估计的，一旦不幸"踩雷"，很容易引发家庭财富的迅速缩水。所以，与追求投资收益相比，家庭理财还应该注重提升家庭的抗风险能力。

下面，我们将会具体谈谈提升家庭抗风险能力的方法。

一、根据家庭主要成员的年龄段制订不同的资产配置方案

例如，在一个三口之家里，父母的年龄分别是 35 岁和 33 岁，孩子的年龄是 8 岁。这个家庭需要稳健的资产配置。因为，在这个年龄段里，父母正处于上有老、下有小的阶段，如果盲目采取激进型的投资策略，

那么风险较高。

在实际操作中，对这个家庭来说，可以把资金分为三份。

第一份，短期资金，作为家庭的日常生活开支，且保障每月家庭的支出需求。

第二份，中期资金，家庭教育基金以及抚养长辈的基金。

第三份，长期资金，主要是把长期闲置的资金进行投资理财，实现资产增值。

短期资金是用在家庭的日常开支身上，所以对流动性的要求非常高，尽可能实现当天赎回当天到账的目标，最长的赎回到账周期尽量不超过三个工作日。因此，投资者可以把这笔资金放到货币基金或者国债逆回购身上，以满足超短期理财的需求。

例如，A家庭有5000元用于家庭的日常生活开支，但5000元并非立刻用完，而是满足一个月的开支需求。因此，A先生可以拿出1000元作为应急资金，不进行任何的投资理财，另外4000元放到货币基金或者国债逆回购，来赚取小额的利息收入。

虽然这笔利息收入很小，但对普通家庭来说，10元也是钱，超短期的投资理财在一年内的累计利息收入，也许可以满足一个普通家庭一次省内旅游或者几顿餐馆用餐的开支了。

针对中期资金，虽然每月存在支出的需求，但支出金额占中期资金的比例不算高，而且这笔资金用于中期投资，所以投资者可以在投资品种的选择上更加灵活。

在实际操作中，假如 A 家庭每月注入中期资金的金额为 5000 元，每月用于子女教育与父母抚养的费用为 2000 元，意味着 A 家庭每月有 3000 元的闲置资金可以用于投资理财，一年下来就有 36000 元，在不计算利息的前提下，五年可以积累 18 万元。考虑到这笔资金涉及子女教育、父母抚养的需求，所以在投资品种的选择上要追求稳健。在投资品种的选择上，不妨考虑风险不高且投资收益率高于同期银行定期存款的投资品种，包括银行理财、大额存单、可转债申购、可转债基金等。虽然这类投资品种并非完全无风险，但相比股票、股票型基金等品种，这类投资品种的投资风险比较可控。中短期可以满足投资者的资产保值增值的需求。

长期资金指的是起码五年内没有动用需求的资金。假如 A 家庭拥有 20 万元的长期资金，那么可以根据 A 家庭的风险承受能力进行有效的资产配置。

如果 A 家庭的主要成员具有一定的风险承受能力，那么可以增配一些优质上市公司股权来提升这笔长期基金的投资回报预期。不过，在实际操作中，优质股权的筛选并非轻松的事情。对普通家庭而言，最简单的投资策略是投资指数型基金，尤其是具有重要影响力的指数基金。与普通股票、普通基金相比，指数基金覆盖大部分具有影响力的上市公司，他们的走势更能够代表整个市场的具体表现。与此同时，投资指数型基金，可以更有效回避单一股票的"黑天鹅"事件风险。

值得一提的是，A家庭的主要收入来源是夫妻二人的工资。因此，还需要考虑一种特殊情况，即主要家庭成员患病，且失去了赚钱的能力，那么A家庭该如何应对这种困难呢？最好的解决办法是购买保险，例如重疾险、意外险等。万一发生了意外情况，也可以保障整个家庭的生活水平。购买保险的初衷，本质上是提升家庭的风险管理能力，并在意外发生之际，可以保障家庭经济的正常运转，增强家庭的抗风险能力。

二、根据不同的启动资金采取不同的资产配置办法

一个刚毕业的年轻人A先生掌握着1万元启动资金，另一个已婚人士B先生拥有100万，这两个年轻人的投资心态截然不同。当然，因他们掌握的启动资金规模不同，需要采取不同的资产配置办法。

A先生试错成本低，且试错机会比较多，所以A先生可以通过创业、激进投资等方式实现资产的快速增值。不过，高收益与高风险并存，既然A先生选择了高风险投资，那么需要做好本金损失的准备。甚至，在极端的市场环境下，可能需要做好本金全部亏掉的心理准备。

相比之下，B先生很难采取A先生的激进投资策略。对B先生来说，采取稳健的投资策略，可能更符合B先生的投资需求。具体来说，可以参考上述资产配置方法来满足家庭资产稳健增值的需求。

因此，在现实生活中，单身人士会比已婚家庭的试错成本更低，且试错机会更多。已婚家庭会比拥有孩子的已婚家庭拥有更多的试错机会，可以承受更大的投资风险。按照风险承受力由大到小的划分，大致的规律是单身人士的风险承受力最高，其次是没有小孩的已婚家庭，最后是拥有小孩的已婚家庭。根据不同的性质、不同的启动资金与存款规模，投资者要制订出不一样的资产配置计划，并不是每个人、每个家庭都拥有很高的风险承受能力。

三、根据投资回报预期制订属于自己的投资理财方案

如果某个家庭愿意承受更高的投资风险，那么这个家庭有可能会获得更高的投资回报预期。

例如，如果某位投资者预期的投资回报率是10%，那么他不应该配置太多保守型的投资产品，否则很难达到预期的投资回报率。在这位投资者在考虑到自身风险偏好的前提下，应该适度增配一些积极型的投资产品，以提升整体的投资收益率水平。

如果某位投资者预期投资回报率是3%，那么他可以把大部分的资产

投资到保守型投资渠道之中。在实际操作中，大额存单、债基、储蓄国债等投资品种，可以很好地满足投资者的投资回报预期。

由此可见，不同家庭在制订具体投资策略的过程中，需要对自己家庭的风险承受能力、家庭的风险偏好有一个深入的了解。只有找到与自己家庭的风险偏好相匹配的资产配置方式，才可以更好满足家庭的投资需求，实现资产的保值增值。